Christel Bethke
Karo einfach

Christel Bethke

Karo einfach

Übers Essen und Trinken und
über das Leben

Bibliografische Information der Deutschen Nationalbibliothek
Die Deutsche Nationalbibliothek verzeichnet diese Publikation in
der Deutschen Nationalbibliografie; detaillierte bibliografische Daten
sind im Internet über http://dnb.d-nb.de abrufbar.

1. Auflage 2017

Alle Rechte bei der Autorin
Vervielfältigung von Text und Bildern,
auch auszugsweise, sind nur mit Genehmigung
der Autorin gestattet.

Umschlaggestaltung: Roland Poferl Print-Design, Köln
Layout: Verlagsservice Monika Rohde, Leipzig
Produktion: VMR, Leipzig
Herstellung und Verlag: BoD – Books on Demand, Norderstedt

ISBN 9783743188075

Inhalt

Vorwort 11
Einleitung 13
In Abwandlung des Programms 15
Kinderreim 17
Man muss 85 Jahre alt sein 18
Küchenfreund 19
Griechenland 20
Lasst Schmalhans Küchenmeister sein 21
Roastbeef mit Spinat-Bandnudeln 22
Fleischesser 23
Hirtenkäse mit Gurkensalat 25
Für Schelli 26
Was ich heute im Ofen habe 27
Betenbartsch 30
Dill 30
Eierbrot 32
I gitt, gibt's hier nit 31
Pyramidenkohl und Dillkartoffeln 34
Ist das Reife 35
Pellkartoffeln 38
1. Juli 2016 38
2. Juli 2016 39
Kartoffelsuppe 40
Der Geschmack stellt sich auf den Sommer ein 42
Meisterköche raten 44
Die allerbesten Köche 45
Nimm die Arme vom Tisch 45
Etwas Süßes braucht der Mensch 46
Wie kann ich einem Menschen 47
Oh, wie sie mir fehlen 48
Apfelmus mit Rum 49
Quark 50
„Ich weiß, wo es besser schmeckt" 51

Und manchmal muss es Fleisch sein 52
27. Dezember 2016 53
Hoppel Poppel 54
Alle Schotten dicht 55
Ganz tolle Beeren 56
Leichenschmaus 57
Kleine Mahlzeit zwischendurch in Murnau 59
Herrliches Wintergemüse: alle Arten von Kohl 60
Na und die berühmten Kohlrouladen erst! 62
Ein ganz einfacher Weißkohleintopf 63
Frische Suppe 64
Kohlrabi machte sie auch toll 68
Sie sind so allein 70
Ich besitze nur zwei Kochplatten 71
Auf ARTE folgt nach „Karambolage" 72
Was mich früher wild machen konnte 74
Küchenjournal 74
Zwei Sorten Kartoffeln gehörten dazu 75
Das ist das einzige Stück 77
Unsere Helden sind müde 78
Apfelscheiben 80
Apfelkeilchen 81
Heute auf dem Wochenmarkt 82
Rosmarinkartoffeln mit Schinkeneiern 84
Vorschläge für Sommergerichte 85
Kochkunst 86
Heute überkam es mich 88
Kluge Leute fanden raus 90
Erinnerungen 92
Emma 93
Emma war überhaupt eine tolle Frau 94
Schokoladenostereierkuchen 95
Manchmal sollte man etwas kochen 96
Ein Wunder Gottes 98
Bissfest soll alles noch sein 99

Ich liebe Teller! 99
Gedankensplitter 100
Wir alten Frauen sind wie diese Schüssel. 104
Mein Fleischtomatenfest 105
Und weil jetzt die tolle Zeit kommt. 106
Das ist die Krönung 107
Neue Hose 108
Bei mir wurde immer gekocht 109
Assoziationen 110
23. Februar 2016, 86 Jahre später. 111
Pellkartoffeln 112
Superpfanne auf dem Zweiplattenherd 113
Einer der führenden Spitzenköche. 114
20. März 2016 115
Chinesisch wird es geben. 116
Zwischendurchkontrolle 118
Universalmischung 120
Was auf den Tisch kommt 121
Schmorgurken. 122
Gebratenes Gemüse. 124
Ideen ohne Ende 125
Komme von meiner Pfingsttour. 126
Herrliches Wintergemüse: Kohl. 128
Heute zu Ruth 129
Rhabarberkuchen 130
Meine blaue Stunde. 132
Kochen ist auch Sprechen 133
Wenn du findest 133
Scones à la Bethke. 134
Heute begriff ich 135
Mein Holzlöffel. 136
Mit was auch immer bedecktes Hefegebäck 138
Nimm Platz. 139
Butter verbessert jede Speise 140
Wenn man in Gefahr ist 141

Als Monika mit ihrer alten Katze Cilly 142
Lirum Larum Löffelstiel 143
Was es heute gibt? 145
Passt in die Fastenzeit 146
Kinderreim 147
Ein gutes Schwein frisst alles 148
Apfelbrot 149
Puffervariationen 150
Andre Länder, andre Sitten 152
Kannst du nicht mal Erbsensuppe 154
Vielleicht zwei Diplome? 155
Sie gehen Blaubeeren pflücken 156
Kochkenntnisse stehen in keinem Kochbuch 158
Gedankengänge einer alten Köchin 158
Kuchen backen 160
Lebensmittelqualität 162
Annemaries Plätzchen 163
Restekuchen sind immer anders 164
In dem Augenblick 165
Auch das kann Fortschritt sein 166
Meine Gerichte 166
Wir sind so flüchtig 166
Nein, diese Suppe esse ich nicht! 167
Ratschläge 168
Mein Küchenlatein 168
Falscher Hase 169
Hähnchenkeulen mit Reis 170
Rosas Sommersuppe 172
Probanden 173
Der Kürbis ist ein Kürbis ist ein Kürbis 174
Ganz doll schmecken Kürbisfrikadellen 175
Kürbissuppe 175
Kürbisbrot 177
Immer ein Stück danach 178
Kokosplätzchen 181

Pfannkuchen 182
Letzter Tag im Mai 183
Emma war überhaupt 184
Und ihr Gewürzkuchen erst! 185
Emmas Vanillezucker 186
Nicht alles kommt durch Übung 186
Die Pfirsiche waren ein Reinfall 187
Inges Rouladentopf 188
Vor Jahren beim Fleischer 189
Ich bin wir 189
Am 86. 190
Für Kranke und alte Kinder 192
Für 'n Appel und 'n Ei. 193
Wie eine Idee zustande kommt 194
Stimmt immer noch. 196
Jagdwurst 198
Im Schlaraffenland 200
Mahlzeit 202
Sommerkuchen 204
For my Jour 206
Heute gab es Schmorgurken 208
Heute bei Hannchen im Heim. 209
Quarkfladen 210
A la Bienenstich 211
Zeit der flachen Fruchtkuchen 212
Alter Song. 214
Als Schmalhans Küchenmeister war 216
Küchen 217
Erster Juni. 218
Eine Freundin zitiert in einem Brief. 219
Im Fernsehen läuft eine Reportage 220
„Und kommt die goldene Herbsteszeit" 221
Kein Verlass 224
Holunder-Apfel-Gelee 225

Vorwort

„Und alle Götter stimmen zu", heißt es in „Karo einfach". Wohl wahr. Es ist ein außergewöhnliches und eines der zauberhaftesten Kochbücher, das ich je in den Händen hielt. Ich weiß nicht, wie es Ihnen geht, aber ich liebe die klaren Aussagen der Christel Bethke, die die Lebensnotwendigkeit des Essens zelebriert. Bevor es in Vergessenheit gerät, hat sie aufgeschrieben, was ihr wichtig ist: jede Menge Rezepte, die durch Einfachheit bestechen, die schmackhaft und gesund sind. Sprüche sind ihr dabei in den Sinn gekommen, die auf den Kern des Lebens zielen und sich mit den eingefügten Anekdoten prima ergänzen. Das alles kommt nicht von ungefähr und ist nicht abzutun, denn obwohl knapp erzählt, kommen auch die zwischenmenschlichen Beziehungen auf den Tisch und man spürt, dass sie ein sehr besonderes, nicht immer leichtes Leben verpacken. Von Glück ist zu sagen: Der trockene Witz und der kulinarische Hochgenuss sind Christel Bethke immer geblieben. Davon gibt sie uns ab.

Verschiedene Gedichte offenbaren sich, die meist als freie Verse kommen, zuweilen aber auch durch Stab- oder Paarreim verknüpft sind. Die Einfälle der Autorin sind überwiegend auf Pointe gearbeitet und stellen infrage, was bei uns gelegentlich schon mal Blüten treibt. Die Illustrationen, dezent und passend, unterstreichen mit leichtem Unterhaltungswert, was Präsenz haben soll: das Ausprobieren der Rezepte, die Kreativität und das gesunde menschliche Empfinden.

Hannelore Crostewitz
Autorin, Lektorin

Einleitung

Wenn es zu einem Kochbuch kommen sollte, ist es eins für arme Reiche oder für reiche Arme. Eigentlich gehöre ich mit meinem Einkommen unter die gesetzliche „Mindestgrenze". Aber niemals habe ich mich so gefühlt, niemals, nein, höchstens mal so getan, und das tut mit heute noch leid. Wenn mir jemand sein Leid klagt, sage ich ihm, wenn er Hunger hat, werde ich ihn immer satt machen können. Was früher wichtig war, gilt heute nicht mehr, es sei denn, man ist auf der Flucht usw.

Wir mussten uns so ziemlich durchschlagen, und dabei kam mir meine Fantasie zupass, wie mache ich uns satt, denn Kinder kosten Geld. Wenn der Pfadfinder seine große Fahrt antrat, waren wir die Ersten, die bezahlten, gaben auch einen Obolus für diejenigen, die noch schlechter dran waren und nicht mitkonnten. Als Erwachsener sagte mir mein Sohn einmal: „Bei uns war nie was Nennenswertes im Kühlschrank, aber wenn wir sagten, wir haben Hunger, hast du uns immer super satt gemacht." Das ist eine Aussage, die ich nie vergessen werde.

Am Wochenende gab es immer Kuchen, der stand für jeden bereit, sich davon zu bedienen, Messer lag daneben. In der Begrenztheit war auch noch Fülle. Damals war es aber leichter zu wirtschaften als heute, wo es alles in unendlicher Vielfalt zu kaufen gibt. Quark hat man sich zum Beispiel selbst gewürzt, mittags als Nachtisch gesüßt mit Früchten, Marmelade o. Ä., zum Abend aufs Brot mit Schnittlauch oder anderen Kräutern. Heute ist aus dem Grundgedanken des Quarks eine ganze Wissenschaft geworden, zigmeterlange Regale in vierer Borden übereinander. Jeder Becher so appetitlich beschriftet und bemalt, dass er so verführerisch wirkt und man einfach nicht widerstehen kann.

Oft stelle ich mir das Gebirge vor, das die gelben Säcke ergeben würden, wenn man sie aufeinander stapeln würde, allein eine Straße nur! Und dann ganze Städte, die ganze Welt! Unmöglich, das soll Fortschritt sein?

Auch damit hat mein Kochbuch zu tun, ich will etwas dagegensetzen, wir sollten uns nicht alles diktieren lassen. Kochen macht Spaß und Freude, es dient und fördert das Gehirn, wenn es selbst nachdenkt, nach-denkt und selbst etwas versucht und ausprobiert.

In Abwandlung des Programms

Man wird sich fragen, warum so ungenaue Angaben bei meinen Rezepten zu finden sind. Bei genauem Hinlesen wird man feststellen, dass hier überwiegend nur Anregungen gegeben werden, Denkanstöße, denn aus Erfahrung weiß ich, dass doch jeder sein eigenes Süppchen kochen will und ihm auch den letzten Schliff verpassen. Der eigenen Fantasie wollte ich keine Grenzen setzen.

Variieren, komponieren und „kreieren", wie der moderne Mensch heute zu sagen pflegt. Probieren geht über Studieren, sagten wir Alten. Also ran an den Speck.

Wenn ich ein Rezept lese, weiß ich sofort, das geht, das geht nicht, das würde gehen, wenn ich dies oder das hinzutue oder weglasse. So entsteht ein neues Gericht, manches mache ich nochmal, wenn ich es gut finde, anderes kann noch so toll sein, ich wiederhole es nicht, weil es entweder zu aufwendig ist, zu teuer (kann auch sein), oder weil ich es ganz einfach vergesse.

Oft denke ich, wie gut, dass unsere Küchenwerke einmalig sind, sie werden vertilgt und machen Platz für neue Kreationen, Gott sei Dank, dass wir nicht für die Ewigkeit kochen und backen.

Meine Gerichte, alle erprobt, sind nicht jahreszeitenabhängig. Ich stamme aus einer Zeit ohne Kühlschrank, ohne Froster, ohne Klimaanlage und fand nichts dabei, wenn die Obstsuppe im Sommer (zum Abkühlen im kalten Wasser), die es zu Flinsen und Puffern gab, nicht eisig war. Schrecklich, wenn statt Aroma nur Kälte zu schmecken ist.

Längst hat die Wissenschaft festgestellt, dass, je kälter das Getränk, umso mehr transpiriert das menschliche Wesen. Sag ich doch! Diese Klimaanlagen in den Zügen, wo man es gleich in der Schulter hat, wenn man am Fenster sitzt, oder diese eisigen Lebensmittelläden im Hochsommer!

Man denkt, wenn man da rauskommt, man

kriegt eins mit dem Hammer, und empfindet es doppelt heiß. Nein, im Sommer muss man schwitzen, das gehört doch dazu. „Wer beim Essen schwitzt und bei der Arbeit friert, der ist gesund", hieß ein Sprichwort früher.

Meine Vorschläge passen für rund ums Jahr, mehr oder weniger vielleicht, aber auch das soll jedem selbst überlassen bleiben und seiner Intuition.

Ich war und bin ein Küchenmensch und begreife nicht, dass es eine Zeit gab, wo man so versnobt war und dem Essen keine Aufmerksamkeit widmen mochte. Das hat sich geändert, und wie! Man muss nur die Programme im TV lesen, auf wie vielen Kanälen in neuen Töpfen gerührt wird, dabei kommen die besten Suppen aus den alten (Töpfen).

Ach ja, eins noch, ich liebe Dill! Wer ihn nicht mag, kann ihn auch durch Petersilie ersetzen.

So viele
Kochbücher gelesen,
studiert, probiert
nachzukochen.
Auch in der Fremde
fremde Gerichte.
Doch lieber als alles (Ferne)
ist dir Hausmannskost.
Und wie!
Geruch und Geschmack
verändern sich mit der Zeit,
mehr und mehr liegt dir die Vereinfachung.
Altersweisheit,
oder was sonst?

Man muss 85 Jahre alt sein

ein Sonntagskind auch,
um noch 20 km mit dem Rad,
unterwegs allerhand erledigt,
Bank, Post, Apotheke für die Nachbarin,
von dem Gericht, das ich mir auftische,
begeistert zu sein.

Kartoffelsalat mit Essig und Öl
3 Pellkartoffeln, gepellt
¼ Gurke
1 Schalotte
2 Teelöffel Kapern aus dem Glas
Essig, Öl, Salz und Pfeffer
Dill oder was man sonst noch will

Aus allem zusammen einen Salat machen.
Etwas ziehen lassen, wenn man das schafft.

4. April fünf vor zwölf

Küchenfreund

hieß vor urdenklichen Zeiten
eine Art Pfannenheber,
mit dem man das Bratgut
(damals meistens Kartoffeln)
umwenden konnte.
Das war er wirklich,
und an ihm halte ich heute noch fest
wie an anderen „Küchenfreunden",
die, mit der Zeit erworben,
unentbehrlich wurden.
Eine mittlere Schädigung tritt ein,
zerschlägt etwas davon, geht verloren
oder ist unauffindbar,
fiel mir heute so ein,
als ich mein Kartoffelschälmesser vermisste,
das sich aber gottlob
nach kriminalistischer Spurensuche
in der grünen Tonne wiederfand,
weil ich es mit den Schalen entsorgt hatte.

Griechenland

Die Herrschaften verlassen das Ferienhaus in Richtung Beach. Ich sehe sie durch den Olivenhain in Strandschuhen, Inge in etwas Zartem, eine Art von großem Seidentuch, das ihr wunderbar steht, verschwinden.

Ich mag nicht auf den Steinen liegen den ganzen Tag und mache mich auf, die nähere Umgebung zu erforschen. Gibt nicht viel zu erforschen, aber das, was ich sehe, gefällt mir sehr. Haufenweise Tomaten in den Gärten vor den kleinen Häusern, an deren Wänden Knoblauchzöpfe in Blau und Zwiebelzöpfe in Weiß hängen.

An einem Zaun bleibe ich stehen und gebe einem alten Mann zu verstehen, ich möchte Tomaten kaufen. Ich gebe ihm fünf Mark, er holt eine Tüte und tut mir welche rein. Auch Knoblauch und Zwiebeln bekomme ich. Er will mir Geld zurückgeben, ich lehne ab.

Ich verabschiede mich und freue mich auf den Tomatensalat, den ich machen werde. Rufe hinter mir. Seine Frau kommt angeeilt, in der Hand einen Beutel mit Tomaten. Viel zu wenig hätte er mir für das Geld gegeben. Wie sind beide ganz und gar bei der Sache!

Schön, diese Sonne, diese alten Leute und ich, die sich an einen „Market" erinnert, eine Art von Nissenhütte, in dem der Retsina in Halbliterflaschen mit einem Kronkorken, wie bei einer Bierflasche, schon leicht angerostet, verschlossen ist. Meine Güte, ist das alles gut.

Diese Fleischtomaten, durch die das Messer wie durch Butter fährt, kein weißer harter Strunk innen, alles wie es sein muss.

Auch wenn es das alles bei uns gibt. Es fehlt uns an Reife, glaube ich, und an Geschmack. Selbst „der Grieche" kann seine Heimat hier nicht auf den Teller zaubern. Und den Wein kann man auch nur dort trinken, hier schmeckt er nach nichts, dann schon eher einen Ouzo.

Lasst Schmalhans Küchenmeister sein

(manchmal wenigstens)

Roastbeef mit Spinat-Bandnudeln

>Heute gönne ich mir was,
>bringe fünf Scheiben Roastbeef mit und
>dazu koche ich mir Spinat-Bandnudeln,
>die ich, wenn sie gar,
>ohne großartig abtropfen zu lassen,
>in zerlassener Butter schwenke.
>Die Scheiben aufrollen,
>die Nudeln dazu (auf halbem Teller)
>und ohne viel zu würzen
>dem zarten Geschmack nachgehen.

>Danach gibt es heute *Himbeerspeise*:
>½ Becher saure Sahne
>100 g Quark
>etwas süße Sahne
>verrühren und
>frische Himbeeren unterheben

Im Winter nehme ich auch tiefgekühlte, mit Puderzucker süßen. Himmlisch, ein traumhaftes Gericht.
    Kaffee und noch ein Butterbrot, sonst hebt man ab.

Fleischesser

Eigentlich bin ich ein Fleischesser
immer gewesen,
leider ist mir die Lust auf Fleisch vergangen.
Hat es nicht lang genug gehangen?
„Besonders zart", „besonders saftig"
sollen Qualitätsmerkmale sein.
Fleisch muss marmoriert sein,
erst etwas Fett macht es zart und saftig.
Ein wenig Salz und Pfeffer reichen aus,
um den köstlichen Geschmack und Duft
nicht zu zerstören.

Wie liebte ich es, wenn der Meister
den Strang vom Haken nahm,
ihn auf den Hackklotz legte,
fragend das Beil oder Messer anlegte
und auf Nicken des Kunden
das Gewünschte abtrennte:
ein Stück vom Kamm,
Wurst und Schinken nur frisch geschnitten,
nichts vorgeschnitten von einem Stapel,
nicht einmal am Wochenende,
wenn der Haupteinkauf getätigt wurde.
Der Braten für uns war das bewusste Huhn
der Franzosen.
Jeder soll am Sonntag seins im Topf haben.

Das kann man heute alle Tage, so man will,
ein ganzes Suppenhuhn für 1,67 Euro
kann sich auch der leisten, der unterhalb
der Armutsgrenze liegt.

Ach hör doch auf zu nölen!
Geh auf den Bauernmarkt und
hol dir ein halbes,
das gibt es ja auch noch,
und bring dir gleich Eier von dort mit
und auch Kartoffeln. Gute Idee,
was Besseres weiß ich momentan auch nicht.
Geh zu Fuß durch den Park dahin,
Krokusse sollen dort in Unmengen
schon blühen.

Hirtenkäse mit Gurkensalat

Meine Nachbarn verreisen und ich erbe eine Packung Hirtenkäse nach „griechischer Art". Und auch einen Becher Joghurt.

Es ist März und ich mag in dieser Jahreszeit den nassen kalten Quarkkuhmilchkäse nicht besonders gern. Abgelaufen ist er auch schon, wegwerfen geht aber nicht. Aber so, wie ich ihn zubereite, wird er absolut gut und kann auch wiederholt werden, als Rezept.

Würde für zwei Personen reichen, aber weil ich morgen die Pfanne nicht schon wieder säubern will, esse ich heute beide Scheiben.

Also, eine Packung Hirtenkäse aus der Verpackung nehmen, flach durchschneiden, beide Scheiben abtrocknen.

In einer Pfanne etwas Olivenöl erhitzen, den Käse darin kurz von beiden Seiten bräunen.

Ein Paar Oliven mache ich mir dazu.

Das Ganze kommt auf zwei Scheiben Schwarzbrot, etwas pfeffern, Dill und einige dünne Gurkenscheiben.

Für den Salat ein Stück Salatgurke in feine Scheibchen hobeln, mit etwas Knoblauch, Dill und dem Joghurt zusammen eine Art Tsatziki herstellen. Ein Glas Retsina passt dazu oder auch ein Ouzo.

„Der Mensch kann noch so dumm sein –
er muss sich nur zu helfen wissen",
sagte meine Großmutter.

Zu spät. Eine Variante, die mir besser gefallen hätte: statt Brot Nudeln dazu oder Reis. Das zusammen ginge auch als Auflauf u. u. u.

Für Schelli

Heute spiele ich Drei-Sterne-Köchin,
stecke mir die aus drei Strasssteinchen-Sternen
bestehende Nadel an den schwarzen Kragen
vom Pullover.
Sie aß am liebsten meine *Zwiebelsuppe*,
die nur aus Suppengrün
und Zwiebeln bestand,
eine Kartoffel hinzugefügt,
mit Majoran, Salz und Pfeffer gewürzt.
Sie kam aus Osterrode in Ostpreußen,
ich nannte sie Schelli,
und sie war sehr liebenswürdig.

Was ich heute im Ofen habe

glaubt kein Mensch.
Zum Geburtstag gab es ein Glas Gänseschmalz
mit Äpfeln und Zwiebeln,
aus dem Delikatessenladen
Ammerländer Schinkendiele in
Bad Zwischenahn.
Etwas mehr als die Hälfte ist noch da,
und ich beschließe, etwas damit zu „veredeln".

In der Backschüssel verknete ich mit der Hand:
Müsli, Mehl, etwas Salz, Koriander, Kümmel,
zwei Eier und das kalte Schmalz.

Rolle den Teig aus und ziehe lange schmale Streifen mit dem Rädchen, die ich noch unterteile.
Bei vorgeheizten 200 Grad im Ofen backen.
Ob es was wird?

Die *Gänseschmalzkekse* sind geworden, würde abgepackt in Zellophan-Tütchen im Delikatessenladen mindestens 4,80 Euro kosten, hundert Gramm.
Bei mir gibt es dafür, ohne Schnickschnack, zwölf Tütchen. Ich sollte dem Laden mein Rezept verkaufen, oder?

Betenbartsch

Wie ich noch schnell in den Fahrstuhl steige,
lehnt schon der Pole in eine Ecke geklemmt
und sieht aus, als ob er sechs gefressen
und den siebten nehmen will. Er da, ich hier,
stumm. Kann ich nicht ertragen,
ich brumme was, wie guten Tag,
er irgendwas zurück.
Weil es gleich Mittag ist, frage ich, auf Deutsch
natürlich, ob es heute Bigosch gibt oder
Zureck. Er blüht auf, „leider, leider",
begreife ich,
er spricht kein Deutsch.
Macht nichts, ich heize ihm ein,
lege los, dass in dem Land auch
meine Wiege stand,
nenne den deutschen und
den polnischen Namen.
Wir verstehen uns immer besser,
könnten noch eine Weile
auf- und niederfahren. Mir fällt noch Flaki ein,
das unser Königsberger Fleck bezeichnet,
mit Kapern
und mit Essig und Zucker „angemacht".
Wir sind oben angelangt,
ich möchte noch das Lebenswässerchen
erwähnen, den Wodka
Wyborowa, den es dort zu trinken gab, und
natürlich den Kaffee

mit Grund, so wie ich ihn heute noch koche.
Fast hätte ich Nastarowje zum Abschied gesagt,
aber in allerletzter Sekunde fiel mir ein,
das kann ich zu Nikolai sagen,
dem Russen aus dem fünften Stock.
Warum, frage ich mich, habe ich nur
all die Sprachführer
von Langenscheidts zu Oxfam gebracht! Aber,
ich muss ja gar nicht mehr verreisen,
die Welt kommt zu mir in den Fahrstuhl.
Ich müsste Spanisch können, Türkisch,
Italienisch, na und eben Russisch und Polnisch.

Heute koche ich *Betenbartsch*, das heißt bei ihm Barszcz, und ist eben östlich. Man kocht rote Bete in der Schale, lässt sie abkühlen, pellt sie und reibt sie auf einer Reibe in eine Schüssel.

Im Topf wird mit etwas Fett Mehl angeröstet, ganz wenig Brühe aufgießen, Lorbeerblatt, Zwiebel, Pfefferkörner mitkochen, dann die geriebene rote Beete zufügen und kurz köcheln lassen.

Mit etwas Essig und Zucker anmachen. Saure Sahne am Schluss hinzugeben.

Das ist meine Version, vegetarisch. Aber manchmal gönne ich mir in der Pfanne ausgelassenen gestreiften Speck, den ich dazugebe. Ist sehr gut und das Fett in der Pfanne spült man am besten mit einer Kelle Suppe aus, das ist der absolute Clou.

Wir aßen Kartoffeln dazu, Brot geht auch. Das heißt cleb auf Polnisch.

Dill

„12 Uhr. Ich verzehre an meinem Fenster einen Aal in Dill. Der Aal hat heute morgen noch im See geschwommen, und der Dill ist kein Büchsenersatz, sondern frischer, grüner Dill. Fräulein Grete hat ihn mir soeben in der Küche lachend unter die Nase gehalten ..." – nachzulesen in „Pfauenfedern" von Victor Auburtin *Ein Tag im Dorfe*.

Emma mit ihren Dillkartoffeln! Und die Stelle, wo Brigitte Reimann in einem Brief an Christa Wolf von Dillbutter schwärmt, suche ich schon den ganzen Tag. Festgelesen nennt man das.

Gestern kam ich mit einem großen Bund frischen Dill nach Hause und gehe alle Varianten durch, die ich damit machen könnte.

Gurken passen immer damit, süßsauer, aber auch *Schmandgurken* sind super, mit süßer und saurer Sahne und ganz viel Dill. Mal sehen, was mir noch einfallen wird.

Zwei große buschige Zweige lege ich auf die Zeitung, die meine Nachbarin bekommt.

Gefunden auf Seite 143: „... und ich war so glücklich allein, und wir – meine Freunde und ich – hatten uns so gefreut auf einen B-losen Juni (B ist ihr Mann) mit abendlichem Terrassengeschwätz und Dillbutterorgien ..." Brigitte Reimann an Christa Wolf am 1. Juni 1972.

Mit dem heutigen Dill stimmt etwas nicht mehr: Er ist schwer wie nasses Gras. In meinem Kopf ist er federig, zart, große Zwischenräume von Ästchen zu Ästchen.

Weil ich dem einmal Paroli bieten wollte, zog ich selbst welchen auf dem Balkon und weil keine Chemie, streute ich ihn ungewaschen auf die Speise und wunderte mich, dass wenig Zuspruch ist.

Dann, beim Abräumen, sehe ich, er bewegt sich. Das kommt davon, wenn ohne Brille serviert wird. Grüne Läuse saßen dicht an dicht auf den Stängeln. Besser 'ne Laus im Kohl als gar kein Fett, nicht wahr?

I gitt, gibt's hier nit

Das Gute (wenigstens),
wenn man alleinstehend ist,
man kocht und isst,
wovon man selbst begeistert ist.

Eierbrot

Ich will auch mal Eierbrot haben, bei Karin gibt es auch immer welches. Klar kann ich Eierbrot machen, traf aber nicht das Gewünschte. Nach Jahrzehnten klärte sich das auf, als Sonja und ich uns per Zufall trafen und wir uns der Zeit erinnerten, die wir unter einem Dach am Sandkamp 25c wohnten, die Kinder zusammen spielten und alles ganz dicht war und irgendwie noch so was wie heimatlich.

Spiegeleier à la Sonja
In einer Pfanne Butter schmelzen, darin dünne Schinkenspeckscheiben anbraten, von beiden Seiten.

Die Eier, je nach Bedarf, auf den Speck setzen und mit der scharfen Kante der Eierschale das Gelbe vom Ei einritzen, sodass es langsam verläuft.

Sobald es gestockt ist, Herd ausschalten, keinen Deckel drauf, Pfanne auf den Tisch setzen und mit Schnittlauch bestreuen. Salz und Pfeffer daneben, Selbstbedienung.

Lag es an den Eiern, lag es am Schnittlauch, lag es an ihr, lag es an dem Übergang von weiß zu gelb in der Pfanne, die Ränder knusprig braun, unglaublich gut.

Wenn Krabbenzeit war, streute sie davon eine Handvoll über das fertige Gericht. Himmlisch.

Der Schwiegervater hielt Hühner, und wenn er die kinderreiche Familie besuchen kam, brachte er immer Eier mit. Später, als sie selbst welche auf dem Wochenmarkt kaufen musste, war sie zur Kennerin geworden: Jedes Ei, das sie auserwählte, wurde erst befühlt, sie verstand was von rohen Eiern. Und ihre gekochten Eier, ohne Sanduhr, ohne Blick auf die Küchenuhr, alles nach Gefühl und Spucke. Pflaumenweich kamen sie aus dem Topf, waren „mundgerecht" warm und köstlich.

Gurkensalat à la Sonja
Auch ihr Gurkensalat war prima. Gurke schälen, nicht zu sehr, hobeln, stehen lassen.

Wasser, Zucker, Essigessenz vermischen und mit dem Zeigefinger immer wieder probieren, bis die Mischung stimmt, Gurkenscheiben ausdrücken, in die Marinade geben, Dill aus dem Garten dazu.

Öl? Salz? Bei mir nicht, sagte sie. Auch hier wieder, lag es am Dill, lag es an der Gurke, an der Essigessenz? Warum kompliziert, wenn etwas so einfach sein kann und auch noch schmeckt.

Pyramidenkohl und Dillkartoffeln

Emma und Emil haben Silberhochzeit,
und weil sie aus dem Schneider sind,
Haus bezahlt, die Jungs groß,
gönnen sie sich aus diesem Anlass
eine Nilkreuzfahrt,
was in Mode kam damals.
Bei einer kleinen Nachfeier:
„Wie war es denn und was gab es
auf dem Schiff zu essen?"
Altertümer noch und noch.
Ritt durch die Wüste auf einem Kamel,
wunderbar die Pyramiden.
Das Essen auf dem Schiff?
„Na, ich weiß nicht", sagt Emil,
„Emma kocht besser, und immer dieses
Aufstehen und Ans-Buffet-Gehen!"
Aber Emma hat ein Rezept mitgebracht:
Spitzkohl, der in Hälften serviert wurde,
mit braunen Butterbröseln bestreut
und dazu Dillkartoffeln.

Den Spitzkohl längs teilen,
in ganz wenig Wasser
mit einem bisschen Salz dünsten,
mit dem Schaumlöffel je eine Hälfte
auf einen warmen Teller geben
und mit der braunen Butter/Brösel-Mischung
übergießen.

Kartoffelscheiben in wenig Wasser
mit einem Stück Butter gar dünsten,
dann viel gehackten Dill hinzu,
etwas salzen und schwenken.
Das ist ein herrliches Gericht
und ich habe es schon oft nachgekocht.

Frage an Emma: „Aber Spitzkohl auf dem Nil?"
„Na wegen der Pyramiden", sagt sie ernsthaft, „wenn du ihn teilst, sieht er im Schnitt genauso aus."
Stimmt, Emma!

Ist das Reife

wenn ich begreife,
dass wir vom Wir
auf das Ich kommen müssen,
wieder?

Solange ich denken kann,
ich war ja immer da,
aber alt zum ersten Mal.

Pellkartoffeln

Mein Kartoffelbauer hat in seiner Bude mit Straßenverkauf verschiedene Sorten und Gewichtsklassen zur Selbstbedienung stehen. Besonders günstig im Sack zu 5 Kilo sind die unsortierten. Die nehme ich. Hinten rauf auf das Rad und ab.

Zu Hause setze ich gleich einen ganzen Topf mit den kleineren auf, nachdem ich sie gewaschen habe. Dazu esse ich gern körnigen Frischkäse mit saurer Sahne und etwas Dill, bisschen Zucker und einer Prise Salz vermischt.

Ich mag darüber auch Kürbiskernöl, aus der Steiermark, schmeckt gut, einmaliger Genuss auf der Zunge.

Wenn am Tag danach noch gekochte Kartoffeln da sein sollten, denn mir kann man nicht trauen, ich esse sie wie andere Konfekt, auch noch zwischendurch.

Also:
Pfanne mit Rapsöl erhitzen,
die kleinen ganzen Kartoffeln
mit einem Zweig Rosmarin
von allen Seiten knusprig braten.
Nicht zu schnell wenden. Salzen, pfeffern,
das Öl bleibt in der Pfanne,
und die Kartöffelchen sind wie frittiert.

Oder in Spalten schneiden
und ebenso verfahren.
Oder in Scheiben als Bratkartoffeln,
mit Ei und saurer Gurke.
Oder mit dem selbsteingemachten Chutney;
auch rote Beete passt hervorragend dazu
und Leber mit gebratenem Apfel ebenfalls.
Majoran passt hier auch immer.

Mein Sternekoch sagt: „Ich nehme dazu nur Schmalz, die Kartoffeln werden unnachahmlich, das schaffst du mit keinem anderen Fett. Probier mal."

Was auch immer gut gefällt, ist:
1 Becher Quark,
1 Becher saure Sahne
und 1 Becher körniger Frischkäse
mit einem Schneebesen verrühren,
gehackten Dill, kleine Würfelchen Cornichons
zu Pellkartoffeln,

der Rest vom Quark am Abend auf das Schwarzbrot, da kann eine fein geschnittene Schalotte dazu.

Oder Karo einfach,
1 Becher saure Sahne mit
½ gehobelten Gurke vermischen
und Dill zu den frisch gekochten Pellkartoffeln.
Es muss aber die ganz einfache saure Sahne sein!
Braucht nicht stichfest zu sein.

1. Juli 2016

Auf zu meiner Lieblingsbeschäftigung:
dem Besorgen von Lebensmitteln.
Heute mal prassen, die Sau rauslassen,
es hat Rentenerhöhung gegeben
die höchste seit 23 Jahren: 4,25 %
(netto 33,63 Euro).
Ich freue mich riesig.
Also kein falsches Filet für 6,99 Euro das Kilo,
sondern ein richtig gutes Steak!
Aus Argentinien? Wieso das denn?
Oder vielleicht mal Lamm?
Wäre auch nicht übel.
Aus Brasilien? Gibt's doch nicht.
Warum bringen *wir* das denn nicht fertig?
Statt dieser unsäglichen Milchmengen,
die keine Welt haben will,
sollten unsere Bauern aufhören,
Turbokühe zu halten,
auf ihren Weiden lieber
Galloway-Rinder züchten,
die gutes Fleisch geben, nicht welches,
das beim Braten die Pfanne mit Wasser füllt.
Notgedrungen wird man zum
Vegetarier gezwungen.
Aber heute, dieser Duft in meiner Küche,
dem ich sonntags noch manchmal beim
Über-die-Dörfer-Fahren finde, ist herrlich.
Wenn etwas früher besser war, dann das Fleisch.

Es darf nicht aus dem Eisschrank kommen
wenn man es in die Pfanne ins heiße Fett legt,
Raumtemperatur ist angesagt,
den auch der Rote
haben soll, den man dazu trinkt,
der allerdings kann aus Australien kommen.

Ich esse nur Salat dazu und würze das *Steak*
erst, wenn es auf meinem Sommerteller
zusammen mit
dem Gebirge an Erinnerung liegt.
Bratzeit jede Seite: 3 bis 4 Minuten.

Wenn es sich ergibt und ich die Erhöhung zur Sprache bringe, erfahre ich keine oder kaum Resonanz.
Können wir uns nicht mehr freuen?

2. Juli 2016

Heute spielen die Italiener gegen uns.

Kein fertiges Rezept anzubieten,
jede Mahlzeit entsteht aus dem,
was die Fantasie aus dem zaubert,
was vorhanden.
Manchmal liefert sie die Vorlage,
um einen Treffer zu landen.
3. Juli, 5.00 Uhr, 6 zu 5 für uns.

Kartoffelsuppe

Heute musste ich in die Stadt
und staunte bass,
wer da nicht alles saß und aß,
und auch im Gehen voller Mund:
Singles, Gruppen und auch Paare.
Ja, warum auch nicht.
Was mir dagegenspricht,
ist das Gewicht,
das vier von fünfen mit sich schleppen
(wissenschaftlich erforscht),
das aber ist unglaublich
und noch viel mehr, untauglich
für das Gesamtbefinden und die Knochen.
Ich halte mehr vom Selberkochen.
Was ist das nur, das in uns steckt,
es anderswo uns besser schmeckt?
Also auf in die Kitchen,
der erste Schritt in die richtige Richtung
würde unsere Kanzlerin sagen,
die auch eine gute Köchin sein soll,
leider aber zu oft an fremden Tischen
zu Gast sein muss. Aber ihre Kartoffelsuppe
soll hervorragend sein.

Meine geht so:

Viel Gemüsekram muss rein:
　Sellerie
　Möhren
　Porree
　Zwiebel
　mehlige Kartoffeln

Alles waschen, putzen, in Stücke schneiden, in Olivenöl o. a. andünsten, mit Brühe aufgießen (streufähige Gemüsebrühe aus der Dose und Wasser), Lorbeerblatt, Pfefferkörner.

Aufkochen, Deckel drauf, runterschalten und auf kleinster Stufe garen.

Duftet fantastisch und schmeckt auch so. Wenn es mit dem Stampfer zerdrückt und mit viel Petersilie bestreut ist, kann das Gericht (gleich) auf den Teller.

Probiert mal. Man kann Würstchen dazugeben, aber die alte Nietenhose soll ja wieder passen, und das ist ein tolles Gefühl, wenn das der Fall ist. Ja, man bekommt ein solches Feeling, das einen fast abheben lässt, und eventuell gibt es sogar eine neue Hose, bei diesem ungeahnten Höhenflug.

Der Geschmack stellt sich auf den Sommer ein

Meiner jedenfalls. Plötzlich habe ich in meinem Korb Tomaten, Quark, Joghurt, Buttermilch, alles Sachen, die mir im Winter zu kalt im Mund sind. Is einfach so. Dann aber! Es beginnt die Balkonzeit, anbaden im kleinen See, Hitze in der Wohnung, mit dem Rad schon in aller Herrgottsfrühe unterwegs, Spargel mitbringen, Erdbeeren, Blaubeeren und Himbeeren.

Blaubeeren! Erinnerung an Eimer, die hin leer am Rad hingen und gefüllt waren, wenn man aus dem Wald kam. Zähne, Lippen, Schürze, alles blau. Diese gekochten Früchte mit ihrem unnachahmlichen Geschmack gibt es nicht mehr. Aber mit Fantasie und „Zungenschlag" bekomme ich es immer noch (fast) hin.

Ich kaufe ein Glas mit Blaubeeren, koche sie auf und dicke mit Mondamin an. Dazu koche ich einen Grießpudding. Um der Zeit genüge zu tun, geht auch mal Milchreis aus dem Plastikbecher. Hat ja nicht jeder Zeit dafür und Zugeständnisse sind jederzeit erlaubt. Wo kommen wir denn dahin, wenn alles nur nach unserm Sinn!

Zu den angedickten Blaubeeren
passen unübertrefflich: *Kartoffelpuffer*!
Große Kartoffeln reiben oder raspeln,
mit einem EL Mehl und einem Ei verrühren.
Salz erst nach dem Backen,

der Teig bildet sonst zu viel Flüssigkeit.
In erhitztem Rapsöl kleine Häufchen setzen
und glatt streichen, von jeder Seite 3–4 Minuten
bräunen. Auf Küchenkrepp legen wegen Fett!
Man wird immer zu wenig gebacken haben,
und ich wundere mich jedes Mal,
warum ich das so selten mache.
Es kostet fast nichts und ist einfach gut.
Sie schmecken nicht nur heiß,
sondern auch lau und kalt
immer noch nach mehr.
Die letzten esse ich abends auf Schwarzbrot,
„pass auf, dass die nicht wegkommen",
wurde mir aufgetragen.
Klappte nicht, also noch ein paar gemacht.
„Kein Problem."
Karo einfach köstlich.

Aber ich liebe auch zu den angedickten „Bickbeeren", wie man hier für die Blaubeeren sagt,

Mehlflinsen oder *Pfannkuchen*,
vornehmer ausgedrückt: *Omelett*.
Pro Pfannkuchen:
1 Ei,
1 flachen EL Mehl,
Prise Salz
mit etwas Mineralwasser oder
Milch verschlagen
und in einer Pfanne mit

erhitztem Butterschmalz,
den Teig zerlaufen lassen,
bis die Pfanne bedeckt ist, portionsweise.
Wenn eine Seite genügend gebräunt,
wenden, mit oder ohne Deckel,
ich kann ohne,
dann auf den großen Sommerteller
gleiten lassen,
Blaubeerkompott darauf verteilen,
aufrollen, schräg schneiden und aufpassen
beim Essen! Könnte immer noch
blaue Flecken geben.
Aber dafür haben wir ja heute eine Serviette.

Meisterköche raten

den Eintopf schon
am Vortage zu kochen,
denn aufgewärmt,
wäre er erst richtig gut.
Mit meinem ist das nicht zu machen,
da bleibt nichts,
was ich am nächsten Tage
noch aufwärmen könnte,
so gut ist der.

Die allerbesten Köche

haben das Kochen nicht gelernt,
das bringen sie mit
auf die Welt,
abschmecken können
und das Gespür für rohe Eier
haben sie auch.

Nimm die Arme vom Tisch

setz dich vernünftig hin,
schmatz nicht so,
hieß es, wenn man sich dem Genuss
so richtig hingeben wollte.
Schlürfen war auch verpönt,
auf der Straße wurde nicht gegessen,
geraucht schon gar nicht.
Warte, wir essen gleich,
bekam man zur Antwort,
wenn man zwischendurch
„ich habe Hunger,
bekomme ich ein Brot"
fragte.
Das ist uns bekommen,
finde ich,
wenn ich durch die Stadt gehe.

Etwas Süßes braucht der Mensch

In der Zeit, in der alles arm(selig) war, trieb man den größten Aufwand mit dem Kochen. Aus nichts sollte was werden. Jeden Tag gab es Nachtisch, und wenn es nur verrührter Quark mit Marmelade war.

Standard in jedem Haushalt: ein Puddingservice. Leicht getöntes Pressglas, bestehend aus einer größeren Schüssel und sechs kleinen. Beliebtes Hochzeitsgeschenk damals. Rührt mich heute noch, wenn ich etwas in der Art auf dem Flohmarkt sehe.

Damals kam ich auf die Idee, die Früchte, die ich kaufen konnte, roh zu pürieren, mit Zucker zu süßen und den Brei in die leere Schüssel zu geben. Der gekochte Vanille-, Sahne- oder Grießpudding wurde darüber gegossen und zum Abkühlen weggestellt. Man konnte durch das Glas den aufsteigenden Saft sehen, und Freude kam auf.

Es erwies sich aber, dass der letzte „Ritter der Tafelrunde" schlechte Karten hatte bei Selbstbedienung, wenn die große Schüssel rumging. Die Zuteilung in den kleinen Schüsselchen erwies sich als gerechter. Wer kann schon immer hören: „Du hast mehr als ich!"

Wenn ich heute an den Kassen sehe, was da so über die Bänder läuft, wundere ich mich sehr. Kochen die alle nicht mehr? Pudding aus Plastikbechern! Sieht alles toll aus, erstaunlich aber auch, dass sich das die meisten anscheinend leisten können. Dennoch ging etwas verloren mit dem Standardpuddingservice.

In die große Schüssel kam auch **Trockenobst,** das über Nacht eingeweicht wurde. Dann wurde es in dem Einweichwasser gekocht, mit Zucker und Zitronenschale, ein Stückchen Kaneel dazu und zum Schluss mit etwas angerührtem Mondamin angedickt.

Toll, diese aufgequollenen Früchte, mit dem Saft über den Pudding geschöpft, der zugeteilt in den kleineren Kümmchen war. Lernten wir hier, dass Schüsseln Kummen hießen?

An heißen Tagen machten wir auch gekochte Hörnchen (Nudeln) zu den Trockenfrüchten, dann war das ein Hauptgericht.

Wie kann ich einem Menschen

etwas anbieten
und erwarten, dass es ihm schmeckt wie mir?

Oh, wie sie mir fehlen

die ich heute, jetzt, bewirten möchte,
könnte, aber, sage ich mir,
mach dir nichts vor,
du willst die Vergangenheit bekochen,
die du dir zurechtgekocht hast.

Als Anna Achmatowa während der Belagerung Leningrads, ihr ganz ungemäß, nach Heringen anstehen muss, tritt plötzlich eine Frau aus der Schlange, die die Dichterin erkannt hat, an sie heran und fragt: „Bürgerin, und du kannst das hier beschreiben?"
    Sie: „Das kann ich."

Das will ich auch, ich will auch berichten von Menschen, die sich über das Kochen-Dünsten-Braten-Backen definieren konnten, weil das zu ihrem Leben gehörte, was ihnen nicht Last, sondern Lust war. Vielleicht habe ich sie deshalb überlebt, um davon berichten zu können. Klingt das vermessen?

Apfelmus mit Rum

Am 13. März 2016 hole ich
die drei letzten verschrumpelten Äpfel
vom Balkon
(geerntet im Oktober vergangenen Jahres),
und die sollen jetzt ihren Auftritt haben:
statt grüner Tonne, blauer Teller.
Geschält, mit Korinthen, in Rum eingeweicht,
wenig Weißwein, Stückchen Stangenzimt
gar dünsten.
So auf den Teller
zu Puffern aus Kartoffeln und Zucchini.

Oder als Nachtisch: mit einem Haufen Sahne oder mit Vanillepudding, unter den man ein Eigelb untergezogen und den Eischnee untergehoben hat. Göttlich.

Quark

In Vorzeiten, als die Kinder noch barfuß zur Schule gehen mussten, es noch keine Überraschungseier gab, keine Pommes und auch keine Fritten, man die Milch von der Molkerei in der Kanne holen ging, Marmelade auf dem Teller vom Kaufmann geholt wurde. Welche Gefahren man als Kind zu bestehen hatte und welchen Verführungen man ausgesetzt war – glaubt heute kein Mensch mehr.

Selbst im Hochsommer musste das Feuer im Herd angezündet werden, um kochen zu können, und alles, was gekühlt werden musste, kam in den Keller oder auf die Kellertreppe.

Nur Privilegierte konnten sich Eisstangen kommen lassen für ihre Eiskiste in der Speisekammer. Eine sinnvolle Einrichtung, diese Holzkisten, innen mit Blech ausgeschlagen, in die die Eisstangen, im Winter aus dem gefrorenen See geerntet, kamen.

Bei uns reichten der Keller und die Treppe, die in ihn führte. Milch bekam natürlich leicht einen „Stich" und wurde aufgesetzt zum Dickwerden. Konnte vorkommen, bei unsachgemäßer Abdeckung, dass auch mal eine Fliege dort ihr Ende fand. Nicht weiter schlimm, die Hühnerchen waren für Leckerbissen immer zu haben.

Nachdem die Milch gestockt und dick war, wurde sie durch ein Tuch gegossen, Glumse hieß das, was im Tuch blieb.

Heute sagen wir natürlich *Quark*. Eine trockene

Angelegenheit, die mit Kümmel, Salz und Pfeffer gewürzt, zu Klopsen geformt, an denen man sich leicht erwürgen konnte, auf dem Teller zu Pellkartoffeln gegessen wurde. Nicht so mein Fall.

Meine *Variante* ist viel besser, passt nicht nur zur Sommerzeit und geht so:

250 g Sahnequark und ein Becher saure Sahne miteinander verrühren, Radieschen, Gurke, Salz und Pfeffer, etwas Dill dazugeben. Wenn es etwas trocken ist, kann man guten Gewissens noch Sahne dazugeben. Ist irre gesund und mit neuen Kartoffeln das exzellente Essen. Um es noch vollkommener zu machen, gieße ich etwas Kürbiskernöl drüber. Ganz tolles Gericht. Probieren Sie es mal aus.

„Ich weiß, wo es besser schmeckt"

Alfred zu Sonja beim abendlichen Korso, wenn sie an den wenigen Speiselokalen, die es vor Urzeiten gab, stehen blieb und die ausgehängten Speisepläne studierte. Er hatte recht, keiner konnte besser kochen als seine Frau Sonja. Aber auch die beste Köchin möchte einmal bekocht und bedient werden, meine Herren!

Und manchmal muss es Fleisch sein

Ein *Filet von der Hähnchenbrust*, salzen, pfeffern, in verschlagenem Ei wälzen, panieren und langsam in der Pfanne in Fett (halb Öl, halb Butter) braten, öfters wenden, damit es nicht zu braun wird.

Wenn das Filet gar ist, es aus der Pfanne nehmen. Den Sud mit Sahne auffüllen und langsam einköcheln lassen. Mit Currypulver abschmecken.

Dazu gibt es bei mir *Kartoffelpüree* und *Gurkensalat*.

Eine Gurke schälen, fein raspeln.
Die Soße mit Dill, Essig und Zucker
abschmecken. Etwas Senf kann
wegen der besseren Bekömmlichkeit
verwendet werden.
Weil sich aus der Gurke zu viel Saft bildet,
die gehobelten Scheiben,
bevor sie angemacht werden,
erst ausdrücken.

Als Nachtisch gibt es *Buttermilchspeise:*
½ l Buttermilch,
ca. 400 g kleingeschnittene Erdbeeren und
etwas Zucker mit einem Rührstab vermixen.
1 Becher süße Sahne schlagen,
die Hälfte davon unter die Erdbeermasse heben.
4 Blatt Gelantine, vorher eingeweicht,
ausdrücken und nach Vorschrift
in die Masse geben.

Nach dem Erkalten die restliche geschlagene Sahne auf die Speise häufen!

Der Nachtisch kann schon vorher zubereitet werden. Ich mag ihn auch ohne Gelantine, dann serviere ich ihn in einem hohen Glas mit einem Löffel mit langem Stiel, mit dem man genussvoll der Sahnehaube zuleibe rücken kann.

Noch gut ist im Juni der erste *Matjes* zu den Kartoffeln, grüne Bohnen aus der Pfanne und Speckwürfelchen.
Dazu ein kühles Fläschchen Bier. Meine Güte, haben wir es nicht gut?

27. Dezember 2016

Es gibt den Moment,
in dem mir bewusst ist,
die Spitze ist erreicht,
an Glück, an Unglück,
jetzt wendet es sich.
Schön wäre es,
wenn es sich mischen würde
und etwas wie Gleichgewicht entstünde.
Vielleicht aber auch nicht,
denn dann wäre alles nur Wischiwaschi,
weder dies noch das – Pelemele.

Hoppel Poppel

nannten die beiden Freundinnen das Gericht, zu dem ich eingeladen wurde.

Eine *Restepfanne*: Speck, Zwiebeln, Pellkartoffeln in kleine Würfel geschnitten, zusammen anbraten, Apfelstücke zugeben und mit Majoran, Salz und Pfeffer würzen.

Dazu gab es Kompott aus Pflaumen.

Schmeckte hervorragend und ich übernahm das Rezept. Jede Art von Obstkompott passt dazu, je nach Jahreszeit, heute Aprikosenkompott.

Und der Duft erst ...

Damals, wir trafen uns erst abends wieder in der häuslichen Küche zusammen, ich am Herd, der Rest der Familie um den Küchentisch wartend versammelt. Was macht man auf die Schnelle?!

Gut immer ein Gericht mit Speck und Zwiebeln, das mochten alle und der Geruch (der Duft, der eine schöne Frau begleitet) begleitete mich zur abendlichen Elternversammlung oder Bürgerversammlung, auf der bestimmt werden sollte, sollen die fünf Eichen dem Straßenausbau weichen?

Heute frage ich mich, ob meine Stimme richtig gestimmt hat, denn gefährlich hat sich das Pflaster durch die Wurzeln gehoben und das Rad holpert gewaltig, wenn ich die Bäume umkurven muss!

Hoppel Poppel, denke ich dann jedes Mal.

Heute muss ich zu keiner Versammlung mehr. Habe immer noch gerne Speck und Zwiebel in der Pfanne und sehe zu, dass ich „mehr" Kartoffeln koche, würde uns alle auch nochmal bekochen wollen, aber kommt nicht zu spät und bleibt nicht zu lange.

Alle Schotten dicht

auf dem Lebensschiff,
wo ich nach der Luke suche,
die ins Freie führt.
Wo ist denn die Kombüse?
War das bei Joseph Conrad,
wo die Mannschaft messerwetzend
davor saß und dem Smutje ans Leder wollte,
weil sie mit seiner Kocherei
unzufrieden war?
Wen könnte ich das fragen?
Alle Schotten dicht. Eben.
Deshalb bekoche ich mich lieber allein,
wer möchte schon solch einer Meute
ins Messer fallen.

Ganz tolle Beeren

und weil ich den Hals wieder nicht voll kriegen kann, bücke ich mich weit vor und versuche es, noch die schönsten ganz oben im Strauch zu erreichen.

Ich trete nicht standhaft genug auf und falle rückwärts in den Graben, das Messer in der Hand.

Nichts ist passiert und froh, dass das offene Messer mich nicht verletzt hat, will ich flott auf die Füße kommen – und es geht nicht. Lächerlich, dass ich da nicht hochkommen soll! Vergeblich alle Mühe, und ich denke an Kafkas Samsa, der eines morgens als Käfer aufwacht, auf dem Rücken liegend, sich nicht umdrehen könnend.

Verrückt. Dann berühre ich mit den Füßen noch ungeschickt das Rad, das nun kopfüber auch noch im Graben landet.

Also besinne ich mich und denke, erstmal Ruhe jetzt. Lasse mich auch innerlich fallen und sehe in diesen unwahrscheinlichen Himmel über dem Stoppelfeld, ein weißes Wolkengebirge in diesem klaren herbstlichen Licht über mir. So viel Sahne und Zucker, stelle mir vor, wenn der Bauer im Frühling mit dem Trecker kommen wird, ob er mich findet? Kriminalfall, das Messer, das Rad, im Graben die halb verdörrte alte Frau. Krimis müsste ich schreiben können.

Und mit einem Mal geht es, ich kann mich umdrehen, indem ich ganz in den Graben rutsche, kann auf die Knie kommen, aus dem Graben durch das Brombeergestrüpp nach oben kriechen. Etwas schwierig noch das Rad wieder auf die Räder zu stellen, dann aber benommen auf die Straße kommen und sich wundern, warum es denn plötzlich so leicht ging?

Also heute das letzte Glas geöffnet (siehe Rezept auf Seite 225), auch heute sind Sahnewolken am Himmel und sicher ist, dass, wenn es Zeit dafür ist, ernte ich dort wieder, denn das Gelee ist so gehaltvoll, nicht zu beschreiben.

Wieder so eine Stelle, wenn man an ihr vorüberkommt, sich dieses Erlebnis unweigerlich einstellt. Und wie viele solcher Stellen gibt es! Geht es anderen auch so?

Welche waren ihre? Man müsste ins Internet gehen mit dieser Frage.

Leichenschmaus

Der alte Chef ist gestorben,
großer Leichenschmaus.
Die Köchin, Frau Jung, braucht Hilfe
in der Küche und ob
jemand von uns helfen kommen könnte.
Da kam nur eine infrage
und das war Erika.
Frische Halbschürze,

Kopftuch aus Baumwolle, propper.
Sieben gekochte Hühner müssen
von Haut und Knochen befreit werden.
Das weiße Fleisch in eine Schüssel
(fürs Frikassee),
die Haut und alles andere
in eine zweite. Die guten ins Töpfchen,
die schlechten ins Kröpfchen. So ungefähr.
Sie fehlt drei Tage, krankgeschrieben,
wofür damals noch kein Krankengeld
gezahlt wurde.
Erst ab dem vierten galt das.
Am vierten erscheint sie sichtlich abgemagert,
blass, elend, schwächelnd.
Was war denn, frage ich, was hattest du?
Menschenskind, sieben Hühner zu bepuhlen
und die viele Haut, das war einfach zu viel.

Das fiel mir heute ein,
als ich auf dem Bauernmarkt ein halbes kaufte.
Solch ein Huhn ist überhaupt prima,
passt nicht nur
bei einer Beerdigung.
Ideen könnten einem kommen ...

Kleine Mahlzeit zwischendurch in Murnau

Große schöne Erinnerung,
der kleine große Moment im Tagesablauf
enttäuscht nie,
das ist der mit dem Einkauf:
wenn aus dem Ort kommend,
am Küchentisch ausgepackt wird.
Das Päckchen von Schäfers mit dem Bergkäse,
dem Gorgonzola, alles vom Stück geschnitten,
und dem man jetzt zu „Laibe" rückt
mit dem Messer.
Alles geschieht im Stehen,
wir sehen uns an, nicken uns zufrieden zu.
Dann den Einkauf vom Metzger begutachten,
probieren: Schinken, hauchdünn,
Presskopf, Gelb- und Weißwürste,
eine Kante vom Geselchten.
Wasser aufsetzen für einen kleinen Schwarzen.
Und alle Götter stimmten zu.
Das waren unsere besten Momente, Annemarie.

Herrliches Wintergemüse: alle Arten von Kohl

Grünkohl mit Hafergrütze,
gerupften, frischen, gefrorener geht auch,
auch gibt es guten aus der Dose.
Mit Schmalz und kleingeschnittener Zwiebel
andünsten, ein Stück Kasseler mitgaren
und wer mag,
auch eine Pinkel- oder Kochwurst,
beides geht auch.
Ich lasse von Anfang an die Hafergrütze –
oben aufgestreut – mitgaren.
Sie muss allerdings erst zum Schluss
untergerührt werden.
Je öfter man ihn in der Pfanne aufwärmt,
desto besser mundet er. Also gleich
etwas mehr kochen. Salzen und pfeffern
zum Schluss, auch etwas Senf kann ran.

Rosenkohl
Rosenkohl in wenig Wasser mit etwas Kümmel,
wer mag, wegen der besseren Bekömmlichkeit,
garen, am besten das ganze Wasser ist weg,
dann mit in Butter gebräunten Bröseln
überstreuen, etwas Muskat dazu. Etwas salzen.
Dazu passen Salzkartoffeln,
Reis, überhaupt alles.
In der Pfanne aufgebraten am nächsten Tag
ebenfalls hervorragend.

Und die Kartoffeln erst!
Ihre Vielfalt, ihre Möglichkeiten
bringen mich manchmal an den Rand.
Dann gibt es *Nudeln Karo einfach:*
in Wasser mit wenig Salz kochen,
in einer Schüssel etwas gutes Öl,
mit Ich-weiß-nicht-was verrühren,
die Nudeln aus dem Topf mit einem
Schöpflöffel direkt hinein,
fabelhaft!
Wenn man den Nerv dafür hat.
Was braucht der Mensch mehr als Fantasie,
um sich „rundum" wohlzufühlen?
Nichts.

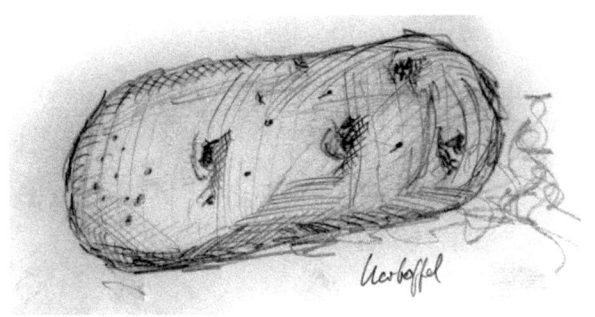

Na und die berühmten Kohlrouladen erst!

Den ganzen Weißkohl blanchieren,
die Blätter lösen und die dicken Rippen
flach abschneiden.
Aber das steht in jedem Kochbuch,
und die Besonderheit wäre, statt Gehacktem
eine grobe Bratwurst einzuwickeln,
einfach, praktisch, gut.
Schön anschmoren und langsam garen,
Soße mit etwas Tomatenmark anmachen.
Lecker.

Gertrud Heinrichs machte ihn so:
Vom blanchierten Kohl die Blätter trennen
jedes einzeln in der Pfanne in Fett bräunen,
rausnehmen, stapeln, dann mit fertig
zubereitetem Hackfleisch, halb und halb,
in einen größeren Topf schichten.
Das letzte Blatt sollte den Abschluss bilden.
Das ist ein ganz tolles Essen, und man
sollte nicht scheuen, seine Freunde damit
zu bewirten, die können ja
mithelfen in der Küche.
Sehr zu empfehlen.

Wie viel Zeit damals fürs
Essen verwendet wurde!

Ein ganz einfacher Weißkohleintopf

mit Rind- oder Schweinefleisch, Kartoffeln und
Majoran ist auch sehr gut, kann aufgewärmt
werden und ist nicht nur Arme-Leute-Essen.

Meine Großmutter tat fast überall einen
Apfel dazu, das habe ich übernommen,
überwiegend verwendete sie auch schon
die etwas schrumpeligen.

Dass Sellerie, Möhren, Zwiebeln ebenfalls
mit Kohl harmonieren, kann man in jedem
Kochbuch nachlesen unter „Pichelsteiner Topf".

Und der *Sauerkohl* erst. Kurz und gut:
ich koche ihn auch mit Ananas,
auch mal mit Paprika,
oder einer kleingeschnittenen Möhre,
Apfel immer, selten Zwiebel,
ohne ihn anzudicken,
eben kurz und gut. Zu Stampfkartoffeln, toll,
in fleischlicher Hinsicht passt alles dazu.
Geht aber auch mal ohne alles.

Frische Suppe

Sehr lecker. Für mich war die beste Köchin meine Schwiegermutter, und noch heute wundere ich mich, dass sich ihr Sohn von mir siebzehn Jahre lang bekochen ließ.

Schon allein ihre Frische Suppe! Keiner machte und macht ihr das nach. Die geht so:

Sandknochen, ein Markknochen,
1 Stück hohe Rippe vom Rind.

Erst die Knochen mit Wasser aufsetzen, wenn sich Schaum bildet, abschöpfen, dann einen Brühwürfel von Maggi, solch einen kleinen viereckigen, zugeben. Nach ca. 1 Stunde das Fleisch in die kochende Brühe geben, langsam simmern lassen.

2 Möhren,
1 Stange Porree,
Sellerie

kamen jetzt im Stück mit rein, etwas salzen. Weiterkochen lassen, bis das Fleisch gar ist und raus kann. Das Gemüse ebenfalls.

Wenn die Kinder kamen, Buchstabennudeln, sonst Sternchen, hinzufügen und in einem zweiten Topf einen festen Grießbrei kochen, ihn mit einem Eigelb verfeinern, den Eischnee davon unterheben, mit einem Esslöffel längliche Klöße abstechen und in die Brühe geben.

Muskat darf nicht vergessen werden, das gibt

den Klößen und der Suppe erst den wahren Geschmack. Viel gehackte Petersilie drüberstreuen. Das Gemüse stellte sie auch auf den Tisch, und wer wollte, nahm sich davon.

Von dem Fleisch bereitete sie eine Art von *Tafelspitz* zu. Aus Fett und Mehl eine Schwitze herstellen, mit Brühe ablöschen, mit geriebenem Meerrettich abschmecken.

Dazu servierte sie Kartoffeln, in der Brühe gekocht.

Mehr Augen gucken rein als raus
Die Knochen konnte man zweimal auskochen, und beim zweiten Mal guckten immer noch mehr Augen aus der Brühe raus als rein.

Zur Geschmacksverstärkung vielleicht eine Schwarte, paar Möhren, Maggikraut aus dem Garten, eine Handvoll Gerstengrütze oder Graupen machte die Brühe etwas kompakter, mit Petersilie bestreut, war sie sehr passend zu der Schwarzbrotscheibe, auf der das Mark aus den Knochen, kalt, gestrichen war, die Opa bekam.

Der bekam überhaupt immer was extra. Ein Stück von dem nicht allzu großen Braten wurde schon vorher an die Seite gestellt.

„Für kalt, auf Brot." Er bekam abends immer seine kalte Platte, und wenn noch übrig geblieben, die letzten Kartoffeln mit dem Rest Soße als Schmorkartoffeln.

Ich machte und mache bis heute, wie meine Mutter früher auch, zu wenig Soße. Mir widerstrebt es, Flüssigkeit in den Bratentopf zu gießen, und deshalb konnte „aus die Ehe nuscht werden".

Wir mochten ihre *rote Grütze* sehr, und das wusste sie. Meine Güte, war die gut! Und die Vanillesoße erst! Die war, wie sie sein musste, nicht zu dick wie Pudding und auch nicht so dünn, wie meine meistens wurde, wenn ich es ihr nachmachen wollte. Keine Chance.

Rote Grütze wurde aus den Beeren, die gerade reiften, mit Wasser, Zucker und Sago zubereitet, den sie lose kaufte.

Sie kochte immer alles nach Gutdünken, tat nur hinein und hinzu, ohne nachzudenken. Und es haute immer hin.

Hinter dem Haus gehörte ihr ein winziges Stückchen Land, vielleicht zwölf Quadratmeter groß, auf dem alles wuchs, was das Herz begehrte:

Die Holländischen Erstlinge (Kartoffeln), die passend zum neuen Matjes geerntet wurden, eine Reihe *Saubohnen*, ausgepuhlt und mit Speck auf der Pfanne nach dem Kochen, gebraten, oh mein Herz!

Wenn zu wenig für alle, machte sie die in einer Soße, die süßsauer war und man nicht zu sagen vermochte, was denn nun besser war.

Möhren, rote Beete, selbst durch Samen gezogen und verzogen, Erbsen am Zaun, Buschbohnen, paar Erdbeerpflanzen, eine Staude Rhabarber.

Wenn die kleine Enkelin kam, „eben mit Oma in den Garten". Erbsenschoten öffnen, die süßen kleinen grünen Kugelchen in' Mund, die ersten Erdbeeren, genießen.

Rundherum wuchsen Astern, Stiefmütterchen wurden für die Gräber gezogen und dann dort verpflanzt, Gießkanne immer hinten auf dem Rad. Wenn eine Stelle frei wurde, sofort Grünkohl gesetzt, den sie aus Samen selbst gezogen, Lerchenzunge hatte sie gern. Und natürlich jede Menge Petersilie, krause und glatte.

Am Samstag gingen sie zum Wochenmarkt, Vadder mit, wo man den Arbeitskollegen mit seiner Frau traf, man blieb stehen, klönte und nahm was mit: Eier, ein halbes Suppenhuhn, Kohlrabipflanzen, Fisch natürlich.

Man kannte alle, man fragte nach diesem und jenem. Ich glaube, das war ihr Höhepunkt, der Wochenmarkt auf dem Pferdemarkt.

Sehr gut war auch ihre *Rhabarbergrütze,* die ähnlich wie rote Grütze gekocht wurde, nur statt Früchten eben Rhabarber und dazu wieder diese himmlische Soße.

Ich aß sie so gern bei ihr, schade, dass ich es ihr nie sagte.

Kohlrabi machte sie auch toll

Die Knollen schälen, in Stifte schneiden,
auch die kleinen Blätter verwenden,
in wenig Wasser gar dünsten.
In einem zweiten Topf
etwas Fett mit Mehl anschwitzen,
mit Milch und dem Kohlrabiwasser
auffüllen und mit dem Schneebesen verrühren,
damit keine Klumpen sich bilden.
Muskat gehört da rein.
Dazu neue Kartoffeln.
Das ist so gut, dass man weiter
nichts dazu braucht.
Wenn, dann vielleicht einen Klops.

Wir nannten diese Zubereitungsart von Gemüse: gestovt. Da hatte man gleichzeitig Gemüse und Soße auf dem Teller.

Man machte das mit Möhren, grünen Bohnen,
die schmeckten bei ihr auch fantastisch,
Saubohnen, Blumenkohl u. Ä.

Bèchamel- oder *Petersilienkartoffeln*
werden nach dem gleichen Prinzip gekocht.
Alles gleich gut, gesund, preiswert,
auch wenn man Biogemüse dafür nimmt.

Ihre *Grünen Heringe* müssen hier noch her.
Drei Pfund damals für eine Mark.
„Soll ich sie gleich ausnehmen?"
„Nein, nein, das mache ich selbst."
Das hatte sie gern,
auch die Zubereitung des Fisches:

Die Grünen Heringe ausnehmen, Milch und Rogen beiseite stellen, die Heringe salzen, in Mehl wälzen, in heißem Fett braten von beiden Seiten, bis sie schön braun in die alte Suppenterrine kamen, in der sie sie nach Abkühlung mit einen gekochten Sud übergoss:
Essigwasser
Zucker
Zwiebel
Lorbeerblatt
Pfefferkörner
Deckel drauf und ziehen lassen

Hoffentlich kommt die Gesellschaft erst,
wenn sie richtig durch sind.
Die essen die auch schon gern,
wenn das noch nicht der Fall ist.

Milch und Rogen in der gleichen Pfanne gebraten, nachdem sie in Mehl gewälzt, man kann es nicht beschreiben, wie gut das war, wenn man das sozusagen als Vorspeise bekam.

Sie sind so allein

wird mir gesagt, bedauernd.
Aber nein, antworte ich,
ich habe meine Bücher,
und heute gehe ich mit Robert Walser
spazieren und freue mich darauf,
was ich von ihm lernen kann.
Und das wäre?
Ich lerne, dass man früh aufstehen soll,
wenig sitzen, korrekt schlafen,
und man soll nicht übermäßig darauf achten,
wenn einem mal was nicht gefällt.
Man kann das lernen, sagt er,
und außerdem sollte man nie versäumen,
aus einer frischen Quelle zu trinken.
Er ist solch eine Quelle für mich.
Langweilig, höre ich.

Es geht noch weiter, sage ich:
Man soll sich elegant kleiden,
das kostet kein Geld, wenn man
seine Sinne anstrengt.
Von diesem Gang komme ich
bis zum Platzen gefüllt
nach Hause, und fast hätte ich ihn eingeladen
und bekocht.
Aber er erzählte von Frau Aebi,
die ihn auch zu Tisch
geladen hatte, ihn aber so sehr nötigte,

dass er schon Angst bekam.
Dazu neige ich auch, dem Gast zu viel aufzutun.
Noch sagt er, man soll eine Leidenschaft haben.
Meine? Spazieren mit klugen Köpfen,
kochen und Rezepte sammeln
für das tägliche Glück.

Kartoffelsalat
Als Erstes setzte ich einen Topf mit Kartoffeln auf, als ich nach Hause kam.

In einer Schüssel mischte ich einen halben Becher saure Sahne und einen Becher Créme fraîche mit Kräutern, etwas Dosensahne, 1 Zwiebel kleingeschnitten, Oliven halbiert, 3 TL Kapern, Salz und Pfeffer, etwas Essig.

Die warmen Kartoffeln pellen und kleingeschnitten in die verrührte Soße geben, nicht zu klein schneiden. Ganz lecker.

Dazu ein oder zwei Setzeier, heute aber nicht, denn noch ist Abnehmen angesagt.

Kaffee und ein Brot mit Frischkäse und Gelee als Nachtisch.

Ich besitze nur zwei Kochplatten

aber die reichen aus,
um zwanzig Leute zu bekochen.

Auf ARTE folgt nach „Karambolage"

Zu Gast in ..., dann kommt das Land.

Man sieht, wie Fladenbrot gebacken wird, jedes Mal frage ich mich, wie bekommen die das hin, nur mit einem Stock solch ein kreisrundes Gebilde zu formen. Entweder fehlt mir der Stock, mit Rolle geht es nicht, auch der heiße Stein ist nicht vorhanden.

Aber traumhaft die gebratene Paprika, man riecht den Duft durch die matte Scheibe, die Frauen kochen gemeinsam, palavern zusammen, Öl fließt reichlich in Pfannen und Töpfe.

Ich koche fett, sagt eine, zerdrückt eine ganze Knoblauchzwiebel, legt ein Riesenstück geräucherten Schinken in den Topf, Gemüse allerlei, eingeweichte weiße Bohnen, Kräuter, Schaffleisch, eine Menge Zwiebeln.

Der Topf wird eingegraben, mit Asche bedeckt, und ab in den Weinberg zur Arbeit.

Ich esse auch gerne fett. Wie gern aß ich einen gekochten Schweineschwanz in Erbsen-Linsen-weiße-Bohnen-Eintopf.

Wir haben aber keinen Weinberg, um uns die Satteltaschen von den Hüften zu arbeiten, und deshalb Sparflamme heute:

Braune kleine Champignons mit roten Zwiebeln zusammen in einer Pfanne mit Olivenöl schmoren und zum Schluss vorgekochten Reis von gestern zugeben.

Da mache ich nichts weiter an Gewürzen ran, weil ich den Pilzen den Vorrang lasse und dem gebratenen Reis.

Als Nachtisch *Aprikosen-Pie:*
Hefeteig von
150 g Mehl
½ Würfel Hefe
etwas warme Milch
40 g Fett
ein Ei
Prise Salz und etwas Zucker

Alles zusammenrühren und den Teig in eine runde Form geben. Die vorbereiteten Aprikosen halbieren und mit der Schnittfläche nach oben auf den Teig geben. Im Ofen erst auf 50 Grad gehen lassen, dann hochschalten auf 200 Grad, etwa 45 Minuten backen.

Erst nach dem Backen etwas Zucker drüberstreuen. Schmeckt warm schon sehr gut.

Alles unter zwei Euro. Ohne Zeitrechnung natürlich. Aber die ist ja kostenlos, wir bekommen sie geschenkt, die Zeit.

Was mich früher wild machen konnte

Wenn ich mit dem Einkauf nach Hause kam,
jemand, während ich meine Jacke an den Nagel
hängen ging, die volle Tasche nahm, und
wenn ich dazukam,
schon fast geleert hatte.

Etwas, was mir heute noch gefällt,
allein auspacken dürfen,
nochmal alles in die Hand nehmen,
sich noch einmal überzeugen, dass alles gut ist,
ja, über Einiges sogar sich ganz besonders freuen,
was ich heimbringe.
Und natürlich probieren,
was bekanntlich übers Studieren geht.
Also, alles palletti.

Küchenjournal

Als die Adriaküste zu uns kam
in Form von Lokalen –
seinen „Italiener" haben, kam erst später –
wurde vom Jugoslawen berichtet,
dessen Tellergerichte alles
übertreffen sollte, was man in dieser Hinsicht
als Vorstellungskraft hatte.
Gegrilltes Fleisch! Solche Spieße!

Reis mit Peperoni, Paprika, Krautsalat,
roter Wein, Plavac, im Krug serviert.
Der Besuch wurde nicht wiederholt,
weil die durchschlagende Wirkung
auch alle Vorstellungskraft sprengte.

Zwei Sorten Kartoffeln gehörten dazu

Der Bauer kam im Herbst nach der Ernte mit Proben an die Tür, war die dafür vorgesehene Zeit vorbei, holte er die Bestellung ab und Lieferung „frei Haus", dann und dann. Ein Fest für die Kinder, die ihn mit dem beladenen Pferdewagen schon an der Straße erwarteten. Sie durften auf den vollen Säcken sitzend von Haus zu Haus mitfahren.

Bei uns wurden zwei Sorten bestellt, mehlige Kartoffeln und feste Kartoffeln. „Vorwiegend festkochend" – unbekannt damals. Entweder oder, aber Zugabe ein Viertel Zentner blaue oder rote. Das war schon was!

Mehlige für Eintöpfe, Klöße, Keilchen, Puffer, Brei. Klarer Fall. Feste für das Gegenteil, Salat, Salz-, Pellkartoffeln. Als Kartoffelkenner mag ich auch mehlige als Pellkartoffeln.

„… weiß wie Alabaster – sind sie ein rechtes Magenpflaster", M. Claudius, irgendwo in meinem Kartoffelhirn hat sich das eingeprägt.

Aber davor heißt es noch, dass sie mehr wert sind als alle Pasteten, auf Französisch, und deshalb passe ich hier.

Seitdem ich weiß, dass sie mehr Vitamin C enthalten als Zitronen und zu 99 % aus Wasser bestehen, der Gesundheit sooo zuträglich sind (das musste man mir nicht erst sagen), fürchte ich keinen Kartoffelbauch mehr. Wozu Forscher nötig sind, wundere ich mich.

Zurück zu Meier, so hieß unser Bauer, dem meine Kinder bei der Ernte halfen: hinter dem Roder aufsammeln, Erwachsene trugen sie zum Pferdewagen, der ab und zu weiterfuhr. Zu meiner Zeit waren das Kriegsgefangene, von denen ein Franzose uns mal Schokolade anbot, etwas, was jenseits aller Kartoffel lag 1943. Erst die BDM-Führerin musste entscheiden, ob das sein durfte.

Ob es mir oder ihnen, meinen Kindern, geschadet hat? Ich weiß es nicht, denke aber, dass auch Fülle in scheinbar armseliger Zeit sein kann, und deshalb heute die kleinen ausgesucht im Kartoffelnetz mit den mehligen. Dazu Schinken.

Das esse ich beides aus der Hand. Links die Kartoffel und in der rechten den aufgerollten Schinken. Ammerländer passt, Schwarzwälder, Holsteiner, die Italiener sowieso, ob Omas da mithalten könnte, weiß ich nicht. Ich würde so gerne nochmal probeschmecken, ob meine Erinnerung ihm standhält.

Ich gieße sie jetzt ab. Die Schale ist etwas aufgeplatzt, ich sehe, so ist es „perfekt", und der Schinken? Passt auch dazu. „Schinkenabschnitte" zum Sonderpreis, ein Schinkenmix universal.

Das ist das einzige Stück

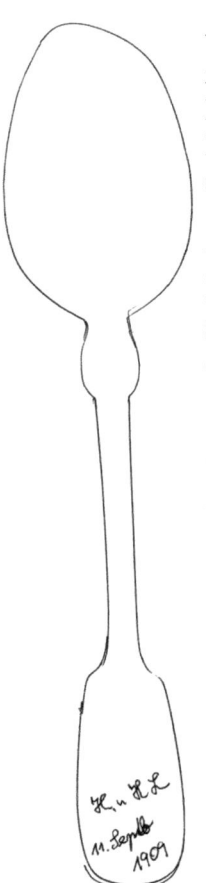

vom schweren Tafelsilber, das gerettet wurde, es stammt aus dem Danziger Werder und dient mir heute als notwendiger Helfer in allen Küchenlagen.

Man unterschiedete nach Tafel- und Menübesteck. Letzteres ist kleiner, aber ein Großgrundbesitzer-Haushalt besaß natürlich beides.

Hoflieferant war Moritz Stumpf & Söhne, Juweliere in Danzig. Früher wurde nur an Festtagen damit eingedeckt, die übrige Zeit lag es im Besteckkasten. Dann kam für das Personal die große Putzerei, wenn ein Fest anstand. Ich habe die Erfahrung gemacht, meine wenigen Stücke im täglichen Gebrauch zu haben, sie bleiben blank, schön und veredeln Karo einfach, sie geben einen Hauch von, na von was? Großbügerlichkeit? Was meinste dazu?

Unsere Helden sind müde

Das Fernsehen zeigt als Lückenfüller
vor der Tagesschau
einen jungen Sprinter,
der laufend und springend
jede Höhe, jedes Hindernis
leichtfüßig überwindet.
Das alles sieht ein Kind,
ganz und gar weggetreten,
auf seinem elektronischen Dingsbums,
bis es heißt:
„Sieh hin, was dein Kind macht.
Es braucht keine falschen Helden."
Papa soll das sein,
der ihm jetzt das moderne Spielzeug
aus der Hand nimmt.

Neue Einstellung:
auf dem Sofa vor dem Bildschirm
Heilige Dreieinigkeit:
Vater, Mutter, Kind zwischen sich.
Ist das nun heldenhaft?
Wer möchte nicht als Kind einen Vater haben,
der es beeindruckt.
Schau hin, was du selbst machst,
um bei deinem Sprössling punkten zu können.
Muss ja nicht gerade Spiderman sein.

Die Helden sollten mal zusammen kochen,
bewusst einkaufen gehen,
vielleicht für eine *Pizza*?

Die geht so:
150 g Vollkornmehl
1 Ei
50 g Quark
3 EL Milch
2 EL Öl, Salz
½ TL Backpulver

Aus den Zutaten einen Teig herstellen, ein gefettetes Blech damit belegen. Etwas Tomatensaft mit Öl mischen, salzen, pfeffern, Zucker, Teig damit bestreichen und belegen mit allem, was kleine Helden mögen:
Pilze,
geriebener Käse?
Oliven?
Wurst passt bestimmt,

alles nach Wunsch. Bei 200 Grad ca. 25 Minuten backen.
Noch einfacher, aber immer gut: Speckwürfelchen und Schmand auf den Teig geben, oder Spinat geht auch, auch Lauchzwiebeln. Also runter vom Sofa und zu Self-made-Männern werden!

Apfelscheiben

Auf dem Balkon Nachschub:
Äpfel, schöne, reife, alte
vom letzten Jahr,
denen ich einen guten Abgang
verschaffen werde.
Mir ist so nach Apfelscheiben,
in einem Eierteig gewälzt,
in Butter gebraten,
auf dem Teller mit Zimtzucker bestreut
und auf zwei Scheiben, mindestens,
ein Gebirge von Sahne getürmt.

Pro Person:
1 Ei
1 EL Mehl
1 TL Zucker
etwas Milch oder Mineralwasser

Alles zusammen zu einem dicklichen Teig verrühren.

Die Äpfel schälen, im Ganzen in dicke Scheiben schneiden, Kerne entfernen und in dem Teig wälzen und in etwas Öl braten. Jede Seite ca. 2 bis 3 Minuten.

Apfelkeilchen

Zu Hause machte meine Großmutter,
wenn Apfelzeit war, Apfelkeilchen.
Das waren aus festem Mehlteig, in den
Apfelstückchen kamen, so eine Art
von Fingernudeln geformt,
die in leicht gesalzenem Wasser gekocht wurden.
Das heißt, sie mussten ziehen, nicht kochen,
kamen, nach Probebiss mit der Schöpfkelle
herausgehoben, in eine Porzellanschüssel
und wurden mit brauner Butter übergossen
und mit Zimtzucker bestreut, vorsichtig
miteinander vermischt.
Noch heute schmecke ich dieses Gericht,
am besten das, was man natürlich
vom Teller zum Schluss ableckte.
Jawohl, ableckte!
Das werde ich morgen versuchen nachzukochen
in Erinnerung an den Plewkaplatz,
wo mehr als ein
Apfelbaum vom Großvater gepflanzt wurde,
und wer weiß schon, warum er so früh starb.
Ihm zum Gedenken werde ich auf eine Scheibe
etwas Rum gießen, nicht wahr?

Heute auf dem Wochenmarkt

Selten besucht, denn
der Supermarkt hat ja auch alles.
Was er nicht hat,
ist die Atmosphäre.
Heute ist „Frühlingsfest" angesagt:
Zwischen den Ständen sind kunstvoll
aufgebaute Arrangements aus Blumen,
Gemüse, Obst und auch Brot verteilt.
Junge Menschen mit Blumen im Haar
gehen umher und verteilen Rosen
aus ihren Körben,
auf Tellern haben sie zerteiltes Obst,
kleine Kuchenstücke und Brot mit
verschiedenen Dressings.
Alles kann probiert werden.
Frühling, wirklich wahr.
Der große Platz, neu gestaltet,
„die alten Steine neu verlegt".
Gefällt mir heute besonders gut.
In seiner Mitte steht der Stadtführer
und erklärt seinen Holländern, wie das so
mit unseren Grafen war u.v.a. auch.
Am Rande spielt einer im Kilt!
seinen Dudelsack auf seine Weise.
Ja, wo bin ich denn,
und wo ist der, der mir sagt:
„Ich sehe das genauso."

War das nicht Eva, die am Stand stand,
wo unter Blumen Lilien waren?

Ich bin schon ganz bedudelt,
als ich nach Hause komme.
Im Korb Paprika und Äpfel aus dem Alten Land
und die Rose und ganz viel Glück.
Die Rose steht jetzt in der blauen Vase
aus Murano. Eier habe ich auch mitgebracht,
und davon gibt es jetzt Mostricheier
für meine Nachbarn, die von Tour kommen,
auch.

Das Kartoffelwasser wird für die Soße genommen, die mit Speckwürfelchen und angeschwitztem Mehl gemacht wird.
    P.S. Das war ja herrlich!, höre ich von ihnen.

Sie meinen meine Mostricheier mit Salzkartoffeln.
    Dazu passt ein *Möhren-Sellerie-Apfelsalat,* alles ganz fein gehobelt und mit Zitrone und Zucker angemacht, Tropfen Öl.

Rosmarinkartoffeln mit Schinkeneiern

Mittags gibt es „gut und günstig":
geröstete Kartoffelspalten aus der Pfanne
mit Rosmarin vom Balkon gewürzt.
And ham and eggs,
ganz dünne Schinkenspeckscheiben
in Butter anbraten und die Eier
als Spiegeleier draufsetzen.
Weil heute nämlich Brexit ist.
Gesprächsstoff for a long time:
laberschatzfasel, sagt my doughter.

Danach a cup of tea und dazu einen
oder zwei Toast
mit saurer Sahne und Himbeeren, dicht belegt.
Was meine Engländer wohl dazu sagen?
In Seaford/Sussex, wo Brian Bärbel und mir
an den Strand Gin-Tonic brachte
jeden Morgen, in einer silbernen Kanne,
mit ice!
It's along ago. Cheers.

Vorschläge für Sommergerichte, die aber auch in jede andere Jahreszeit passen

Eine Aubergine längs in Scheiben schneiden, in Olivenöl braten, auf Küchenkrepp abfetten lassen, auf einer Platte anrichten, mit geriebenem Knoblauch, Salz, Pfeffer und Kräutern würzen.

Eine Soße passt ebenfalls sehr gut dazu: 1 Becher saure Sahne mit einem TL Senf, Zucker, Salz und Pfeffer verrühren und mit viel Dill anmachen.

Kapern passen gut in die Soße, muss aber nicht. Ausprobieren.

Ein tolles Sommergericht. Die Scheiben aufrollen zu Reis oder Penne reichen, Soße dazu und ein kleines Helles?

Nachtisch:
½ l *Buttermilch* mit etwas Quark, Honig und Zucker und frischen *Früchten*, kleingeschnitten, aufmixen, sodass sich Schaum bildet.

In großen hohen Gläsern servieren. Obenauf paar kleine Stückchen von dem jeweiligen Obst, die man vorher an die Seite stellte. Lecker ist das.

Alles eignet sich dazu: Erdbeeren, Blaubeeren, Johannisbeeren, Aprikosen, Pfirsiche u. u. u.

Wem es gefällt, gibt obenauf geschlagene Sahne. Sehr lecker!

Kochkunst

Kochkunst ist mir die liebste Kunst,
steht nicht alles als Objekt herum,
verstaubt nicht, steht nicht im Wege,
man muss nicht warten,
ob sich ein Interessent findet,
man verdrückt sie,
sie erfreut Herz und Magen,
hält die Fantasie lebendig,
macht glücklich.

„Köstlich", sagt heute Anne M.,
die immer tätig für andere
und unentbehrlich ist.
Die Mittagszeit ist schon vorüber,
ich ihr mein Karo einfach serviere:

das aus *Sauerkraut mit Ananassaft* und einem Apfel gekocht (in Butterschmalz angedünstet), zum Schluss Ananasstückchen untergehoben, dazu *Kartoffel-Apfel-Sahne-Muskatstampf,* bestand. Und weiter nichts. Nur noch ¼ eines Kuchens für danach. Für mich war das ebenfalls köstlich.

Und mir fiel ein: Statt auf Rädern das Essen
nicht den eigenen Herd vergessen.

Wie oft habe ich erlebt und immer noch, kochen können wir bis zuletzt, wenn man uns lässt. Das ist auch Therapie gegen Altersdemenz und „Altersblödsinn", sagten wir früher.

In der NWZ wird der Geburtstag einer Hundertsechsjährigen angezeigt, die sich beklagt, die Töchter hätten ihr mit 97 die Luft aus den Reifen gelassen, also nicht mehr Rad fahren, sie sorgen sich. Was ist? Sie fällt und ist nun im Heim, in dem „nichts los ist", und einen Rollator hat sie auch, „den ich aber nicht benutze", sagt sie.

Die hätte bestimmt noch für sich kochen können! Besser, wenn sich nicht so viel gesorgt würde am verkehrten Ende.

Diese Begabungen, die das Leben formte und ausbildete, sind doch nicht auf einmal weg? Mutter Grade sagte noch auf dem Sterbebett: „Sind die Kartoffeln schon gar?"

„Gut und günstig" stand auf der 500-g-Packung Weinsauerkraut für 39 Cent, die ich Weihnachten für alle Fälle mitnahm. Könnte ja sein, dass jemand den Weg zu mir findet, zur Barbarie-Entenbrust, und dann hätte ich eben das Sauerkraut gemacht. Aber so war es auch gut und kam zupass. Alle Tage danke.

Heute überkam es mich

alle Hemmungen fielen
und alle Gesundheitstheorien,
denn „grün ist des Lebens Baum" (Goethe).
Um halb drei die Nacht vorbei,
nach- und denken über nichts,
was von Bedeutung sein dürfte.
Oder doch?
Gestern Ernst Bloch erstanden,
drin gelesen und kam zum Schluss:
Ich liebe kluge Männer,
bekoche sie auch gern,
aber danach bitte keine Tischgespräche.

Zurück zu meiner Wenigkeit
und meiner Rettung:
Manchmal *muss* es Fleisch sein!
Urhunger überfiel mich,
Urschrei nach Nahrung,
Polyphem in seiner Höhle Odysseus witternd:
„Ich rieche Menschenfleisch!"
So ich nach dieser halben Nacht.
300 g Tatar aus den FF-Fleischerladen,
frisch durch den Wolf getrieben,
das ich schon roh verzehren könnte.
Aber ich beherrsche mich und
esse nur ein Drittel davon,
den Rest bereite ich mit 1 Ei,
Knoblauch,

½ eingeweichtes und ausgedrücktes Brötchen,
1 Schalotte, Salz und Pfeffer zu.

Forme daraus zwei flache *Klopse* und brate sie schön braun in der Pfanne mit wenig Fett.
Dazu *Tomatensalat* mit Gurken,
Knoblauch, Essig, Öl, Petersilie.
Göttlich, dazu nur ein Stück Baguette.

In einem Vortrag hörte ich, dass kein anderes Lebensmittel wie Fleisch Wirkstoffe enthält, die der Körper braucht. Irgendein Vitamin oder so. Kiloweise Quark ersetzt nicht den Wert von 100 g Rindfleisch. Glaube ich sofort. Aus Erfahrung weiß ich, nach solchen Heißhungerattacken bin ich einfach satter, kein Blähbauch, besseres Feeling.

Fleisch ist das beste Gemüse, wurde früher gesagt, als wir noch alle rank und schlank unseren Mann/Frau standen. Vielleicht sollte die Ernährungswissenschaft das mal untersuchen. Ich stelle mich als Versuchsobjekt zur Verfügung. Morgen muss ich nochmal in das Fachgeschäft, denn da gab es eine tolle hohe Rippe vom Rind, und sofort begann mein Geschmacksnerv zu arbeiten.

Vielleicht ist das alles Unsinn in unserer heutigen Ernährung, und wir sind ausgeliefert dem Konsum und der Massenvermarktung an Lebensmitteln, die uns mehr schaden als nützen?!

Eine Art von Beschäftigungstherapie, damit der Bürger seine Zeit gestalten kann und nicht auf dumme Gedanken kommt?
Auch das ist Karo einfach.

Kluge Leute fanden raus

nicht einkaufen, wenn man hungrig ist.
Mag stimmen,
aber wenn es mich überkommt,
was vielleicht mit Über-die-Stränge-Schlagen
zu tun hat, muss ich los.
Warum, denkt sich mein Unterschwelliges
dann wohl,
sollen die guten Dinge immer nur
für die anderen sein!
Und „gönnt" sich das.
Falscher Ausdruck,
schon längst könnte man, wenn man wollte,
aber die Vergangenheit lässt etwas nicht zu.
Dann aber Hochgenuss (hoffentlich) ohne Reue.

Heute also *hohe Rippe*:
Aufsetzen mit nicht zu viel Wasser, etwas salzen,
2 Petersilienwurzeln, 2 Möhren, 1 Stück Sellerie
zugeben und langsam köcheln lassen,
bis das Fleisch butterweich ist.

Das Gemüse vor dem Verkochen rausholen.

Fleisch und Gemüse in große Stücke teilen und mit der eingekochten Brühe und Salzkartoffeln in tiefe Teller geben. Viel Petersilie überstreuen.

Wenn die Brühe zu viel Augen hat, entfetten.

Das Abgeschöpfte nehme ich für ein neues Gericht, z. B. Wirsinggemüse oder Möhren oder oder oder.

Zu Hause in Ostpreußen nannten wir das Gericht *Lange Suppe,* Lang Sop. Eigentlich wurde die mit jeder Art von Fleisch gekocht, denn zum Braten fehlte es an der Zeit, die der Garten, das Feld und das Kleinvieh brauchten.

Der Topf stand auf dem Herd, der auch sommers beheizt werden musste, und jeder, der aus der Schule kam oder so, bediente sich daraus.

Ich mochte das, heute noch, und es sind wohl diese Erinnerungen, die zum Spontankauf führen. Weniger der Hunger, denn der müsste ja längst gestillt sein.

Vielleicht war diese Zubereitungsart sogar gesünder. Gänse, Enten, jede Art von Fleisch wurde gekocht. Entenkeulen mit Suppengrün und Reis, fantastisch, ebenso Gänseklein mit Kohl, aber das sind ja Wintergerichte.

Das ist der entscheidende Moment, glaube ich, entweder du trittst an und nimmst den Kampf auf oder du gibst dich geschlagen und andere sorgen für deinen Magen.
Wohl bekomm's.

Muss Hanna etwas von meiner neuen Kreation mitnehmen und um ihr Gutachten bitten.
Stark, alles ohne Geschmacksverstärker.
War und bin immer überrascht, wie hübsch sie war und ist, braune Augen, bräunlicher Teint und das angegraute Haar gelockt. Immer stand auf ihrer Terrasse ein Korb mit Gesammeltem oder vom Markt Geholtem ...

.

Erinnerungen

Du sagst, du hast alles vergessen.
Ich nicht.
Was ist nun besser,
frage ich mich.
Mich bereichert meine Erinnerung
in jeder Hinsicht,
denke ich und selbst, wenn ich es wollte,
es gelänge mir gar nicht,
selbst, wenn ich es wollte.

Emma

Als hier noch kein Mensch an Pizza dachte,
macht Emma den Vorreiter:
Sie servierte am Kartenabend
statt Schnittchen ein heißes Blech
mit überbackenen Brotscheiben.
Dafür hatte sie Klopsfleischmasse verwendet,
pikant angemacht,
denn Emma kam vom Schwarzen Meer,
Flüchtlingsausweis A,
und das war gleich nach dem Krieg.
Wir waren hin- und hergerissen.

Das kam mir neulich in den Sinn.
Als ich beim Türken einkaufte,
nahm ich ein kleines *Fladenbrot* mit,
schnitt es flach auf, strich dick *Mett* drauf,
unter das ich einige Oliven getan hatte,
und ab in den Ofen. Einfach toll!

Emma war überhaupt eine tolle Frau

Eines Abends wollte sie uns, ehe wir nach Hause aufbrachen, auf dem Parkplatz einen heimatlichen Rundtanz beibringen. Klötze, die wir waren, dauerte es eine Weile, bis wir halbwegs mithalten konnten. Das ist dreißig Jahre her, und Emma tanzt ohne uns Klötze jetzt vielleicht unbeschwerter.

Und weil ich heut in Gedanken bei Emma bin, fülle ich drei *Paprika mit Gehacktem und Reis*, halb und halb gemischt, brate sie in Olivenöl an, gieße etwas Brühe an und gebe etwas Tomatenmark hinzu. Langsam brutzeln lassen und zum Schluss mit etwas Sahne verfeinern.

Weil ich noch Nudeln von gestern habe, esse ich die dazu und mache mir einen *Hirtensalat:*
Fleischtomaten mit Schalotten,
Knoblauch, Essig und Öl,
Salz und Pfeffer, Kräuter und Hirtenkäse
in Würfeln drauf geben.
Sehr gut.

Schokoladenostereierkuchen

2 Eier
100 g Zucker
100 g Fett
200 g Mehl
Vanillezucker
½ Tasse Milch
½ TL Backpulver
etwas Milch oder Sahne,
bis ein zähflüssiger Teig entsteht

Alles zusammen zu einem Rührteig verarbeiten.

Die kleinen Schokoladeneier auswickeln (Reste von Schokohasen gehen auch), unter den Teig geben, ihn in eine gefettete und ausgestreute Form füllen und bei 180 Grad abbacken.

Man kann den fertigen Kuchen mit Puderzucker bestäuben, aber auch einen Guss aus Puderzucker und Rum herstellen und ihn damit beträpfeln (beträufeln).

Das mache ich heute so. In drei Stunden bin ich zum Haareschneiden bestellt, und meine Leutchen dort bekommen diesen Kuchen mitgebracht. Irgendwann führte ich das ein, dass ich ab und zu etwas backe und bis heut, nicht bereut. Na dann.

Manchmal sollte man etwas kochen

was die mochten,
die einstmals unsere Gäste waren,
von ihnen sprechen, auf sie trinken,
damit wir sie nicht vergessen.

Mit diesem Gefühl im Bauch
Pfanne auf den Herd und
Klopse braten aus gemischtem Hack,
1 mittelgroße *Zucchini* geraspelt,
1 Ei, Salz, Pfeffer, Knoblauch,
1 Schalotte und Paniermehl.

Alles zusammen zu Klopsen formen und in heißem Rapsöl braten, bis sie braun sind von allen Seiten.

Dazu die kleinen Biokartoffeln, zwei Kilo für einen Euro!, vom Selbstbedienungsstand meines Bauern mitgebracht.

„Bitte bringen Sie die leeren Beutel wieder zurück." Bauernschlau, der Mann. Wer fährt schon ohne Nachschub wieder heim? Ich nicht.

Zu diesem Gericht brauche ich keine Beilagen, jede würde nur den Geschmack schmälern. Hinterher noch Kaffee und Müslikekse.

Mehr noch,
es ist notwendig,
ihrer zu gedenken,
die das nicht mehr können,
und mit denen wir am Tisch
zusammensaßen und aßen.

Ein Wunder Gottes

Wir sind beide am Küchentisch beschäftigt:
Mein Erstklässler macht seine Schulaufgaben,
und ich zerteile einen *Rotkohl*
in feine Streifen.
Tischgespräch über die Wunder Gottes.
(Ob das heute Thema in der Schule war?)
Er zeigt mit dem Bleistift auf den Kohl
und meint: „Das ist auch ein Wunder Gottes."
Wir sehen auf die Schnittfläche
und wie wahr! Diese so wundersam
ineinandergefügten Blätter, wundervoll.

Ich sollte ihn öfters machen,
schon wegen dieser Erinnerung.
Damals machte ich ihn mit Schmalz,
und als Geschmacksverstärker
kamen zwei geräucherte
Schweineschwarten rein.

Das allerdings heute nicht mehr, leider.
Ich mache ihn jetzt mit
Öl, Essig, Äpfel, Majoran,
nach Bedarf etwas Zucker,
Nelken oder Lorbeerblatt,
damit er nicht die Farbe verliert,
das Salz erst zum Schluss.
Bei geschlossenem Deckel alles
auf kleinster Stufe nach Zugabe

von wenig Flüssigkeit gar dünsten.
Ab und zu umrühren. Nach Möglichkeit
ohne andicken zu müssen,
sollte er servierfähig sein.
Er kann mindestens eine Woche im Kühlschrank
aufbewahrt werden.

Bissfest soll alles noch sein

wenn es auf den Tisch kommt.
Je älter ich werde,
lasse ich es mir lieber auf der Zunge zergehen.

Wer kapituliert, muss sich ans
Lutschen gewöhnen.

Ich liebe Teller!

Die ich passend zum Gericht
auswähle.

Rechteckige, weiße Platten,
flach, auf denen künstlerisch
das Auge bedient wird,
liebe ich nicht.

Gedankensplitter an einem Sonntagmorgen in der Küche

Küchenmensch, der auch noch Schürzen liebt,
denn wenn er mal keine umhat, sich von
oben bis unten bekleckert, weil plötzlich etwas
anders reagiert wie gewohnt. Ich bin das.

Ich liebe Küchen und sehe sofort, wenn mir
eine neue Wohnung vorgeführt wird,
ob hier echt
gelebt werden wird oder nur gespielt.
Die Wohnküchen waren einfach spitze.
Alles fand darin statt, um einen Tisch
sollten immer
die richtigen Stühle mit dem richtigen Verhältnis
zur Handhabung des Bestecks stehen.
Aufrecht, gerade der Rücken.

Ich werde zur Besichtigung eingeladen.
Neuankömmlinge haben sich eingerichtet.
Im riesigen Wohnzimmer eine „Landschaft", auf
der man liegen, sitzen, schlafen kann. Man sinkt
fast auf den Boden im bezogenen Schaumstoff.
Neben der Tür ein Tisch, dessen Platte
in der Höhe des Mundes ist,
um daran essen zu können, müssen Stühle,
mehr Hocker,
erklettert werden. Ich komme
aus dem Liegesofa nicht hoch

und auf den Stuhl kann ich auch nicht.
Runde Stahlgestelle, auf die man,
wenn man es geschafft hat,
die Füße wie auf einen Barhocker stellen kann.
Nichts für mich. Ich schlage vor, wir nehmen
den Drink im Stehen, machen eine Stehparty.

Wir hatten auch mal einen Nierentisch,
Cocktailsessel,
wollten auch modern sein, aber wir
kehrten reumütig
zu dem zurück, was sich bewährt hatte, solide
Stücke, „handgefertigt", fast wie
die „Hirschledernen",
die bestehen bleiben. Erbstücke können
das werden!

Ich liebe auch noch Tischdecken! Gute Stoffe,
Blaudruck aus Jever, eine Leinendecke
aus Oberammergau,
grüne Leinendecke von Ullmann,
damals fünfzig Mark! gekostet,
die habe ich schon sechzig Jahre
und die,
durch viele Wäsche etwas blass geworden,
ihr erst das
gewisse Etwas gegeben hat, was ich liebe,
so wie altes, in der
Sonne gelegenes Papier. Nichts von
Plastik, nichts

Künstliches,
so sind auch mein Geschirr und
meine Töpfe und Pfannen.

Furchtbar altmodisch, aber als mein Köchlein die großen Töpfe im Keller entdeckte, von denen ich mich nicht hatte trennen können, er sofort in Begeisterung geriet: „Kann ich die nicht haben?"
Klar, ich freue mich, dass es auch moderne Kenner gibt.

Ich bin auch kein Freund von elektronischen
Küchenhilfen, sei es Mikrowelle,
Töpfen, die auf die Schnelle
(Drucktöpfe genannt)
Hülsenfrüchte, Hühner, Fleisch und anderes
so zerkochen, dass man alles lutschen kann.
Es gibt bei mir keine beschichteten Pfannen
und Töpfe, es gibt Holzlöffel zum Umrühren
und Backen, der Teig wird nie
in einer Plastikschüssel
gerührt, am liebsten in eine Schwarzblechform
gefüllt, und Messer gibt es auch nur eines
zum Brotschneiden, weil ich das Brot immer
noch im Ganzen kaufe und je nach Bedarf
davon absäble. Noch ein zweites
großes Messer,
Allerweltsmesser, das zu allem
anderen Gebrauch findet.
Kartoffelschälmesser natürlich,

das leider manchmal
mit seiner Spitze auch zu etwas
anderem genommen wird,
was sich leider irgendwann mal rächt.
Katastrophe,
wenn die Klinge bricht. Aber zur Vorsicht habe
ich vor zehn Jahren ein zweites
in Benutzung genommen.
Auch keine Spülmaschine will ich, ich mag
das warme Wasser an den Händen,
und wenn ich nach
dem heißen Spülen jedes Stück in
die Hand nehme
und mit trockenen Tüchern nachtrockne,
freue ich mich immer.

Besuch bei mir zum Essen. Als Nachspeise serviere ich in meiner mehr als 100 Jahre alten Schüssel – stammt noch aus dem Danziger Werder! – Zitronenspeise, von der noch etwas übrig bleibt, den der Besuch mitbekommt.

Nach zwei Tagen bekomme ich die Schüssel zurück. Irgendetwas stimmt nicht, sage ich, sie ist so trübe, und bei genauerem Hinsehen stelle ich einen Riss durch den ganzen geschliffenen Boden fest. Ich entsorge sie schweren Herzens sofort.

Denn jedes Mal würde mir fast das Herz brechen, wenn ich sie zu Gesicht bekäme.

Wir alten Frauen sind wie diese Schüssel

die ihren Ursprung in moderner Zeit nicht
behaupten können, wenn es an Kenntnis fehlt.
Man muss eben in unseren Mokassins
soundso viel Meilen
gewandert sein. Und auch wie in Sonne
gelegenes Papier
vergilbt und brüchig wird, man kann die Schrift
darauf nicht mehr entziffern. Da hilft
auch keine Lupe, da hilft nur sich
hineinfühlen zu können.
Vielleicht sind diese sonntäglichen
Gedankensplitter
auch nur Ausdruck von Altersblödheit
oder Demenz.

„Ist doch so, oder?", sagt Annemarie am Telefon, wenn wir wieder nicht zusammengekommen sind. Wir!, die wir uns seit fünfundachtzig Jahren kennen. Eben nicht, wir kennen uns nicht!
    Deshalb diese unsinnigen Gespräche per Telefon, die so unwichtig sind für beide Seiten.

Mein Fleischtomatenfest

Unter den Früchten aus Holland
hebt sich eine ab:
oval, gefältelt, weich,
wiegt 380 g und kostet ein Vermögen.
Aber ich kaufe sie!
Dazu nehme ich einen Topf Basilikum,
Schafskäse, Oliven mit und ohne Füllung,
Pinienkerne.

Zu Hause schneide ich die Tomate in hauchdünne Scheiben, das Messer geht wie durch Butter, ordne sie fächerförmig auf einer Platte an, salze und pfeffre etwas, zerbrösel den Käse, etwas Balsamico darauf und Olivenöl, dekoriere mit Blättchen Basilikum.

Die Pinienkerne röste ich ohne Fett in einer Pfanne und streue sie über die Köstlichkeit.

Der Sesamring, den ich mitbrachte, passt hervorragend dazu und auch das Fläschchen Retsina.

Göttlich, mein mediterranes Fleischtomatenfest, das ich heute begehe, denn die Sonne scheint und ich muss meiner Freude genüge tun.

P.S. Vergessen zu erwähnen, auch getrocknete Tomaten aus dem Glas passen dazu und darauf. Perfekt.

Und weil jetzt die tolle Zeit kommt

mit tollen Gemüsen, Kohlrabi und *Spargel* z. B.,
hier noch ein Tipp für Letzteren.
Nach dem Schälen (Schale koche ich aus),
mit wenig Wasser, Stück Butter und
etwas Zucker und
Prise Salz in einer Pfanne mit Deckel
gar dünsten.

Niemals koche ich ihn in Wasser, weil er genug Wasser enthält. Geht ruckzuck.
Kartoffeln dazu und Schinken. Was Besseres gibt es nicht.
Wer sagt denn, dass die guten Sachen nur für die anderen da sein sollen!?

Manchmal fallen die unteren Enden vom Spargel ab, weil die Stangen zu lang sind, die kann man ganz toll mit gekochten Eiern als Salat anmachen:
Zwei Löffel Miracel Whip
mit etwas Sahne verrühren,
Eier und Spargel unterheben,
Baguette dazu, super!

Das ist die Krönung

Heute gab es zwei Schalen Himbeeren für einen Preis.
   Genommen.
1 Becher körniger Frischkäse,
1 Becher saure Sahne,
miteinander verrühren, süßen.
1 Becher geschlagene Sahne und die
pürierten Himbeeren unterheben,
einfach toll!

Erdbeeren gehen auch.

Wenn zu viel, ein Schüsselchen zum Probieren für die nette Nachbarin, oder am Abend vor dem TV sich den Rest, mit etwas Portwein beträufelt, selbst zu Gemüte führen.
   Man gönnt sich ja sonst nichts. Aber hallo!

Neue Hose

Vier Zentimeter größer,
vier Pfund weniger
und die Marlene-Dietrich-Hose,
gestern für fünf Euro bei Oxfam erstanden,
passte perfekt.
Dem wird zu Leibe gerückt
und mittags gibt es:
eine große Fleischtomate,
beim Türken an der Ecke gekauft,
gebrüht, abgezogen, entkernt,
und in kleine Würfel geschnitten.
Tomatentatar nennt man das,
mit einer Schalotte, Knoblauch, Salz, Pfeffer,
Öl und Essig angemacht. Vermischen.
Bandnudeln in Salzwasser kochen.
In einer Pfanne Mehl und Fett anschwitzen,
mit Nudelwasser ablöschen und
50 g Gorgonzola unterrühren.
Die Nudeln gleich aus dem Wasser dazutun.
Schmeckt hervorragend.
Und als Nachtisch zum Kaffee
gibt es statt sechs Haferflockenmakronen
nur drei, die dürfen allerdings etwas größer sein.

Und schon komme ich mir fast wie Marlene vor.
Man kann auch den Käse ohne Soße
gleich unter die Nudeln mischen.
Noch Kalorien gespart!

Übrigens hat die Hose, wie früher üblich,
den Reißverschluss an der Seite.
Ich frage mich, warum wurde das
für Frauen abgeschafft?
Soweit musste ja die Emanzipation nicht gehen,
dass der Verschluss vorn angebracht wurde
für uns.
Nicht zu Ende gedacht, meine Herren.
Schon hat man eine andere Silhouette,
will mir scheinen.

Bei mir wurde immer gekocht

Der einzige Halt
in haltloser Zeit
zeitigte auch Erfolg(serlebnis).

Assoziationen

„Radio warnt vor Ruineneinstürzen"
V. Klemperer, am 23. Februar 1946, als ein sehr stürmisches Wetter herrscht.

Am 4. Mai 1930 tobte ein ungewöhnlicher Sturm über der Kleinstadt, die heute Barciany heißt, bei dem der Pferdestall einstürzte hinter dem Haus am Markt und das Pferd Tulle unter sich begrub. Das ungeborene Kind bekam einen solchen Schreck, dass es sofort auf die Welt wollte. Und weil es gerade Sonntag war, es noch nicht angemeldet werden konnte, nannte man es erstmal Tullchen, dem Pferd zuliebe. Es fand die Taufe statt, ein Name genannt, aber es blieb bei Tullchen, und wenn es ganz ernst wurde: Tulle! Je älter Tulle wird, desto mehr wird ihr bewusst, sie ist ein Sonntagskind. Sie würde so gern wollen, dass „zum Zeichen, dass sie dagewesen", etwas bleibt, so ungefähr wie der Hering seinen Bismarck bekam.
Birne Helene
Pfirsich Melba
Sachertorte
Fürst-Pückler-Waldorfsalat
oder oder oder.
Würde nicht Tulles Stulle passen? Etwas, was immer schmeckt, wovon man sich nicht überessen kann. Sie müsste nicht doppelt gemoppelt sein, ganz was Einfaches, Einfache Tulle etwa oder Tul-

les Einfache. Sie muss sich mal was ausdenken. So eine Art von Dauerkeks vielleicht (Leibnitz wäre auch zu nennen). Na, was nicht ist, kann noch werden.

23. Februar 2016, 86 Jahre später

Kein Sturm hier heute, Sonne, um null Grad. Unten am See Fotografen von Zeitungen. Ich hin, was denn Neues auf unserem Teich wäre. Einer sagt, eine Berg-Ente und der andere sagt eine Lauf-Ente. Schön, denke ich im Weitergehen, dass morgen statt Raub- und Diebstahl-Sensation von unseren Neuheiten auf dem Teich berichtet werden wird. Haben die nun doppelt gesehen, hat eine Ente zwei Bezeichnungen? Rätselhaft.

Ich brachte mir ein Stück wunderbaren Sellerie, Möhren, einen Spitzkohl mit. Äpfel habe ich noch.
Sellerie, Möhren und Äpfel fein raspeln und mit wenig Essig (Ersatz für Zitronen), etwas braunem Zucker mischen und ziehen lassen, nicht zu lange, dann wird er schlapp, der *Selleriesalat*.
Und dazu? Ganz einfach, da sind noch drei Tomaten, die weg müssen, mit dem Rest Reis von gestern.
Gestern war Stunde der Wahrheit, die Waage zeigte zwei Kilo zu viel. Weißt Bescheid?

Pellkartoffeln

Die ersten neuen Kartoffeln brauchen ihren eigenen Auftritt
 und bedürfen keiner Beilagen, die sie verdrängen.
Immer als *Pellkartoffeln* kochen, abgießen, abdämpfen lassen,
in eine passende Schale geben.

Dazu einfach ein *Rührei* machen:
pro Person zwei Eier
mit Salz und Pfeffer würzen,
etwas Mineralwasser dazugeben, verquirlen.
In einer Pfanne mit erhitztem Butterschmalz geben und stocken lassen,
Schnittlauch drüberstreuen.

Zu den Kartoffeln mit einem Blattsalat servieren.
Buttermilch passt großartig dazu und ist soo bekömmlich!

Was auch immer wieder gut:
 kalte Butter zu den Kartoffeln und weiter nüscht.
 Da koche ich immer ein paar
 mehr „für morgen".
 Aber wenn der Abwasch fertig ist,
 sind die Kartoffeln „für morgen"
 nicht mehr da. Vertilgt.

Superpfanne auf dem Zweiplattenherd

Kleinere, gewürzte *Hähnchen*teile in die Pfanne geben, ohne Fettzugabe anbraten, nicht schwarz, aber dunkelbraun erwünscht, runterschalten, die Teilchen einmal wenden und geputztes *Gemüse* zugeben:
   zwei Möhren, längs einmal geteilt,
   das obere Teil einer frischen Knoblauchzwiebel,
   zwei kleine Tomaten.
Bei geschlossenem Deckel schmoren lassen. Die Nase nimmt wahr, wann alles gar.

Dazu gibt es einen Mix aus einer reifen Avocado und Mango-Chutney aus England.
   Unübertrefflich, diese Melange zusammen mit den braunen Geflügelteilchen, den braunen Möhrenspalten und etwas von dem schon Angesetzten. Davon aber nur ein bisschen.
   Dazu ein Stück Fladenbrot und ein großes Glas Weißweinschorle.
   Mensch, was willst de mehr!

Einer der führenden Spitzenköche

kocht in seinem Lokal, und das Fernsehen
darf ihn dabei filmen.
Da muss einer erstmal drauf kommen,
als Vorspeise wird ein kunstvoll
aufgebauter Haufen Blätter und Blüten serviert.
Mit Nadeln und Pinzetten wird
daran gearbeitet!
Könnte eher unter Floristik eingestuft werden
als unter Lebensmittel.
Als Hauptgang ein Stückchen Forellenfilet,
das unter einer Glocke am Tisch
geräuchert wird.
Ein Schlauch führt den Rauch hinein,
dann mit Schmackes die Glocke abgehoben,
und der Qualm zieht dekorativ über die Tafel
und in die schnuppernden Nasen, die sich
erwartungsvoll über den Teller beugen.
Ein Minimum an Beilage ergänzt
das Gourmet-Menü.

Also nichts gegen *geräucherte Forelle*.
Ich serviere sie so:
Für jeden mindestens ein ganzes Filet,
dazu Sahnemeerrettich.
Neue kleine Kartoffeln,
nach dem Kochen in Butter geschwenkt
und mit Dill überstreut.

Einige marinierte Blätter Salat und zwei oder drei schöne Erdbeeren.

Als Nachtisch *pürierte Erdbeeren* mit untergehobener Sahne. Gekühlt, in Kristallschälchen angerichtet, darüber etwas Schokolade raspeln.

1 Becher Sahne schlagen, mindestens 33 % Fett,
die Hälfte für den Meerrettich
(½ Gläschen geriebenen Meerrettich),
den Rest für die Erdbeeren.

Als Vorspeise passt in diese Zeit sehr gut eine Scheibe Wassermelone mit Schafskäse und wenigen Oliven oder Melone mit Schinken.

Dazu eisgekühlten Prosecco, ein sommerliches Outfit, schön gedeckter Tisch, Blüte im Haar statt auf dem Teller, als Mitbringsel für die Dame des Hauses einen Prosecco als Nachschub für alle Fälle und gute Laune, oder?

20. März 2016

Ich bin einfach glücklich heute
und froh,
froh, dass ich heute glücklich sein kann,
denn das war nicht immer so.

Chinesisch wird es geben

und ich weiß schon im Voraus,
wie es ablaufen wird.
In diesen kleinen Porzellanschüsselchen
heißer Rote-Beete-Saft als Suppe,
mit Essig und Zucker süßsauer abgeschmeckt,
ist mit diesen unmöglichen Porzellanlöffelchen,
viereckiger Boden,
zu essen, zu schlürfen, zu trinken oder was?
Jedenfalls immer, jedes Mal,
das gleiche Ritual, das gleiche Theater:
Der Hausherr nimmt das erste Löffelchen
voll zu sich,
und die Säure reizt nicht nur den Rachen,
sondern steigt ihm auch in die Nase.
Es gibt kein Halten.
Zu spät die gereichte Serviette,
das gezogene Taschentuch,
du rettest den Freund nicht mehr.
Husten, niesen, alles zusammen
ergeben eine Explosion
sondergleichen, die alles übersprenkelt,
überrötelt,
Tischtuch, uns, die wir aufgesprungen sind
und ihm
den Rücken klopfen und ohne Sake,
ebenfalls aus solch
unmöglichen Porzellantöpfchen getrunken,
gerinselt,

kaum Beruhigung. Ach, in China ist
alles so klein, so klein
und bei uns alles so groß, so groß.
Ach was ist das bloß?
Ach, wie mir das fehlt, dies schon Erwartete
eintreten zu sehen und die Explosion zu erleben!

Ich mache *Kartoffelsuppe*, als sie kommen.
 Normale Teller, normale Löffel.
 „Kann ich das Rezept haben?"
 Klar doch.

Suppengemüse: Sellerie, Petersilienwurzel, Zwiebel, mehlige Kartoffeln putzen, schälen, kleinschneiden, in wenig Fett andünsten, salzen, pfeffern, mit Wasser auffüllen, auf kleiner Flamme garen, zerstampfen, Stich Butter und Petersilie überstreuen.
 Wenn als Eintopf gedacht, mehr Kartoffeln, weniger Flüssigkeit. Man kann da ausgelassene Speckwürfel zugeben und Würstchen. Ich stelle Brot oder Brötchen dazu.
 „Ewa bekommt das nicht hin."
 Es gibt Chinesisches!

Zwischendurch Kontrolle

Einmal im Monat,
Stunde der Wahrheit:
Waage vorgeholt,
Staub abgewischt,
damit die Zahlen Klarheit schaffen,
und siehe da,
es stimmt, die Hose klemmt.
Kein „Problem".
Hier ist das Mittel,
sie wieder in Passform zu bringen.

Man stellt eine *Gemüsesuppe* her:
1 Bund Frühlingszwiebeln
1 kl. Dose Tomaten
1 kl. Weißkohl oder ½ größeren
1 Paprikaschote
1 Staudensellerie
Petersilie
1 Zwiebel
Brühe,
die aus dem Reformhaus (lose) geholt werden kann, ohne Kalorien ist sie auch für anderes sehr gut zu gebrauchen. Passt auch auf ein Tomatenbrot o. Ä.

Gemüse zerkleinern, alles in einen Topf geben, mit Wasser und der Brühe aufkochen und köcheln lassen, bis es gar ist. Schmeckt wunderbar, man kann essen, so viel man will davon, verbrennt das

Fett im Körper und nach zwei Tagen sind die Hosen fast zu groß geworden. Empfehlenswert. Nicht schummeln, dann reicht auch oft schon ein Tag!

Auch als alter Mensch gilt es, ja vielleicht gerade dann, auf Fasson zu achten, immer noch eine gute Figur sollte fürs Feeling erstrebenswert sein. Man fühlt sich besser, das ist einfach so. Man hat im Laufe der Jahre so seine Erfahrungen gemacht und muss seinen Schweinehund überwinden lernen.

Auf Kaffee muss man an diesen Gemüsetagen nicht verzichten, aber Kartoffeln, Bananen, Reis sollte man nicht essen, Äpfel, Birnen und anderes Obst, können. Fantastisches Ergebnis!

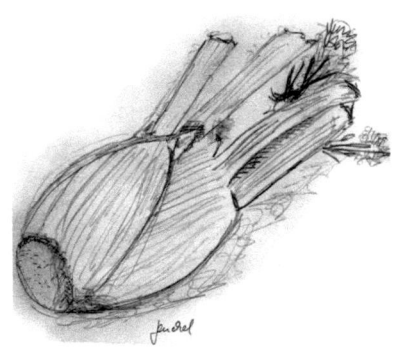

Universalmischung

für Schmorgurken, Kürbisauflauf, gefüllte Zucchini oder Auberginen oder gefüllte Paprika:

250 g gemischtes Gehacktes
1 Ei
½ eingeweichtes altes ausgedrücktes Brötchen
1 kleine Zwiebel, kleingeschnitten
1 Knoblauchzehe, zerdrückt
gehackte Petersilie, Salz und Pfeffer

Alles miteinander vermengen. Ergibt die Füllung für den Auflauf von Kürbis oder anderem, die Füllung für die Schmorgurken, auch die halbierten Zucchini oder Auberginen können damit dick belegt werden.

Das Gemüse nebeneinander in eine Auflaufform setzen, etwas Olivenöl drüberträufeln und mit geriebenem Käse bestreuen.

Man kann etwas Tomatenmark verdünnen mit Sahne und dazugeben, eventuell auch zwei Tomaten dazusetzen.

Im Ofen garen lassen nach Gutdünken.

Dazu passt Reis, Nudeln, Hirse, Couscous und überhaupt alles.

Kann auch gut als Vorspeise verwendet werden, dann tischt man natürlich nur das Gemüse auf.

Wenn man *Paprika* damit füllt, setze ich sie in eine Tomatensoße, nachdem ich sie rundherum angebraten habe.

Zu der Soße verwende ich eine kleine Dose italienische gestückelte Tomaten, würze mit Oregano, Knoblauch, etwas Zucker und Pfeffer und Paprikapulver, keine Flüssigkeit zugeben, muss eine schöne dicke Tunke werden.

Man kann aus der Fleischmasse auch einfach einen Klops formen, platt drücken und ihn wie ein *Steak* braten. Das muss auch mal sein.

Aus der flachen Hand genossen, nichts geht darüber. Dann passt etwas Majoran in den Teig.

Was auf den Tisch kommt,
wird gegessen!
Weil mir alles schmeckte,
hatten sie die Sorge
mit mir nicht.

Schmorgurken

2 mittlere Schmorgurken, das sind die kurzen dicken gelben reifen Gurken, der Länge nach aufschneiden, mit einem Löffel die Kerne rauskratzen und je eine Hälfte mit der Fleischmasse von S. 120 füllen.

Die andere Hälfte aufsetzen, mit einem Faden zusammenbinden, in Mehl wälzen und in einer Mischung aus Butter und Schinkenwürfelchen rundherum anbräunen.

Saure Sahne zugeben, Deckel drauf und schmoren lassen.

Dauert nicht lange und schmeckt herrlich. Zum Schluss gehackten Dill drüberstreuen. Salzkartoffeln dazu, über die man auch gehackten Dill geben kann.

Man kann die Gurken auch ohne Füllung machen.

Nach dem Entkernen in grobe Stücke schneiden. In einer Pfanne Butter und Schinkenwürfel auslassen und darin die Gurkenstücke anbraten, salzen, pfeffern, saure Sahne angeben, Deckel darauf und schmoren lassen. Diese Butter-Schinken-Melange ist wunderbar, und nach Probieren vielleicht noch ein bisschen Schmand zugeben?

Früher, in mageren Zeiten, gab es oft ganz einfach nur eine Soße aus dieser Mischung: Speckwürfelchen auslassen, etwas Mehl dazu, bräunen lassen, mit Kartoffelwasser ablöschen und mit saurer Sahne anmachen. *Schmandsoße* genannt oder auch Schmunzelsoße.

Herrlich zu Kartoffelbrei, richtig was für alte Leute und Kinder.

Mag ich heute noch, sehr sogar. Karo einfach oder 0815!

Wenn ich mich verirrt habe

finde ich den Weg zurück
über das Kochen.

Gebratenes Gemüse

Überhaupt eignen sich viele Gemüsearten zum Braten. Warum macht man das so selten? Weil es mit Geruch verbunden oder der Herd aufwendiger zu putzen ist?
Möglich. Dabei schmeckt diese Art der Zubereitung sooo gut! Hier, trotz Geruch und Putzerei, einige Vorschläge:

Chicorée geht gut
Blätter oder geviertelt in Butter/Ölmischung kurz braten, würzen erst immer zum Schluss, je nach Geschmack.

> Blumenkohlröschen gehen ebenfalls,
> auch Kohlrabi in Scheiben,
> ebenso der lange weiße Rettich,
> auch die runden Möhren sowieso, gut, wenn
> etwas Zucker karamellisiert wird,
> bevor die Scheiben hinzukommen.

Gekochter Reis schmeckt natürlich ebenfalls sehr gut gebraten, darunter junge grüne Erbsen mischen, die man vorher separat gegart hat.

Ideen ohne Ende

Hier noch eine zum Hokkaido, der ebenfalls in Scheiben gebraten werden kann. Den Boden der Pfanne einfetten und mit Scheiben belegen, vorsichtig braten, etwas Fett zugeben bei Bedarf und wenden. Geht rasch und bei genügender Bräune auf einen großen flachen Teller gleiten lassen. Sieht toll aus und schmeckt auch so.

Den *Kürbis* kann man aber auch sehr gut auf folgende Art zubereiten:
 Eine Auflaufform einfetten, mit Kürbisscheiben belegen, darauf Gehacktes verteilen, mit Kürbisscheiben abdecken und mit Butterflöckchen belegen, mit Bröseln bestreuen, etwas Sahne aufgießen.
 Mit Folie abgedeckt, ab in den Ofen für ca. 40 Minuten, Herd aus und das Gericht im Ofen stehenlassen, bis der Tisch eingedeckt.

Man könnte alle diese Gerichte auch mit Käse überbacken, aber vorsichtig, der Käse überdeckt alles mit seinem Aroma. Auch sparsam würzen. Mein Geschmack ist mehr für Eigengeschmack: Natur pur.
 Eigentlich passt alles zusammen in der Küche wie in der Malerei die Farben, es sei denn, man ist farbenblind.

Komme von meiner Pfingsttour

und finde im Gemüsefach noch
zwei Spitzpaprika, drei Möhren,
eine Zucchini, ein Bund Frühlingszwiebeln.
Was für Möglichkeiten!

Die Zucchini raspel ich, ein Ei, etwas Mehl dazu und in einer Pfanne brate ich in heißem Rapsöl drei Puffer, salzen. Mit etwas saurer Sahne und Dill bestreut, hervorragend!

Das restliche Gemüse wasche, putze ich und teile es in große Stücke: Die Möhren werden längs halbiert, die Paprika ebenfalls, Kerne nur grob entfernen, eventuell eine Knoblauchzehe, die Frühlingszwiebeln bleiben ganz. Vielleicht die angetrockneten Enden entfernen.
  Alles zusammen in die Pufferpfanne geben, in die ein Stück Butter ins verbliebene Fett kommt, und braten. Es muss richtig braten und richtig braun werden. Ab und zu mit dem Pfannenheber wenden, geht schnell und ist köstlich.
  Man könnte mit Kräutern würzen, aber der Clou liegt ja gerade beim Bratgeschmack, der hier die Komponente bleiben soll.

Auf ARTE sehe ich in der Sendung *Zu Gast in ...*, wie Frühlingszwiebeln geerntet wurden, wie nach Feierabend die Arbeiter ein Feuer machten und die

Zwiebeln mit Lauch in die Glut warfen, als sie schwarz waren, herausfischten und zum Munde führten. Ich roch und schmeckte mit …

Das muss man doch auch in der Pfanne machen können, war meine Überlegung. Der Versuch lohnte, und heute mache ich das oft: gebratene Frühlingszwiebeln. Selber ausprobieren.

Bei meinem Türken an der alten Post gibt es „türkische Petersilie" nach Gewicht. Ein Kilo 2,99 Euro, im Winter 3,99 Euro.

Auf Nachfrage höre ich, alles macht man damit, kommt überall rein, mit Stiel und Stumpf. „Auch braten?"

„Kannst auch braten", sagt mein freundlicher Mensch.

Ausprobieren, vielleicht halb Petersilie, halb Zwiebelchen?

Einen Vorteil muss die Singlekocherei
doch haben,
man kann nicht nur essen, wann man will,
man kann auch kochen, was man will.

„Er kann alles essen", sagte Erika immer,
„muss aber nicht immer
alles wissen", und versteckte das
dritte Kotelett hinter der Gardine.

Herrliches Wintergemüse: Kohl

Schmorkohl
In Streifen geschnittener Weißkohl
mit Fett zusammen bräunen lassen,
immer wieder mit einem Holzlöffel umrühren,
bis der Kohl anfängt,
richtig braun zu werden – muss!
Das bringt erst den Genuss.
Kein Wasser verwenden!
Zum Schluss Deckel auf den Topf,
passt zu Kartoffeln und Bratklops.
Bisschen Majoran kann ran, Salz und Pfeffer.

Schmorkohl kann auch zum Schluss
mit Speckwürfelchen verfeinert werden
und mit Essig und Zucker süßsauer
abgeschmeckt werden.
Ist sehr gut und kann auch sehr gut
aufgewärmt werden
in der Pfanne, dann ist er noch besser!

Krümelkohl
In Streifen geschnittener Weißkohl
mit Gehacktem zusammen schmoren,
Salz und Pfeffer würzen,
Majoran kann in jedes Kohlgericht.

Heute zu Ruth

Es gibt *geräucherte Lachsforelle*, weiß ich,
die Lotti ihr aus Schweden mitgebracht hat.
Die Forelle kommt auf einer Platte,
mit Haut, in den Ofen und wird erwärmt.
Kartoffeln kochen, Salz- oder Pellkartoffeln.
Eine helle Soße herstellen,
bei der man das (salzige) Kartoffelwasser
zum Ablöschen nehmen sollte.
Sie kann mit Senf abgeschmeckt werden,
mit Meerrettich aus dem Glas,
oder mit ganz viel gehacktem Dill.
Wir mögen am liebsten Senfsoße dazu.

Den Fisch aus dem Ofen holen,
Haut entfernen, mit Dill garnieren,
etwas Dill auf die Kartoffeln streuen
und bitte zu Tisch. Ist spitze.
Den Wein bringt der Gast mit. Also ich.

Lotti ist ihre Nachbarin, die den Sommer in Schweden bei ihrer Tochter verbringt, und als Mitbringsel gibt es seit Ewigkeiten eine große geräucherte Lachsforelle, die nur für uns beide bestimmt ist, denn, sagt Ruth, nur für Kenner, den Spruch von den Perlen erspart sie sich.

Rhabarberkuchen

Heute nehme ich fünf von den roten Rhabarberstangen mit, die mich an die Stelzen von Fridolin erinnern, der schon vor seiner Frau, der Störchin, eingetroffen war, und, nicht zu fassen, weil Friederike auf sich warten ließ, ließ er sich fast verführen und eine niedliche kleine Störchin hatte schon Platz im Nest gefunden.

Aber dann, kurze Attacke, Friederike ist da, und nach Besichtigung des Nestes vergibt sie ihm, und nun kann das Klappern losgehen.

Frühling aller Orten ...

Ich werde einen Rhabarberkuchen machen.

Hefe- oder Mürbeteig? Das ist hier die Frage, meine Güte, wenn ich mich doch nur entscheiden könnte! Hier erstmal den *Hefeteig:*
1 Ei
50 g Fett
150 g Mehl
50 g Zucker
½ Würfel Hefe
Prise Salz, etwas warme Milch

Aus allem einen nicht zu festen Teig zubereiten und auf ein Blech streichen. Reicht für eine runde Form mit 25 cm Durchmesser.

Den Rhabarber waschen, nicht schälen, in kleine Stücke schneiden und auf dem Teig verteilen.

Mehl, Zucker, Fett (Kokosflocken, feine) mit den Händen zu Krümeln verarbeiten und über den Kuchen streuen. Anheizzeit ist Gehzeit, dann auf 180 Grad ca. 1 Stunde backen.

Danach nur kurz in der Form lassen, bei mir muss jeder Kuchen nach dem Backen aus der Form! Warum? Weil die Feuchtigkeit aus dem Kuchen irgendwohin muss, das ist wie das Kondenswasser beim Kochen, auf einem Gitter abkühlen lassen, und wenn man will, mit Puderzucker bestreuen, bestäuben meine ich natürlich.

Statt Rhabarber geht jede andere Frucht auch, im Winter gehen auch Aprikosen aus der Dose, auch Pfirsiche, Preiselbeeren, Ideen ohne Ende und dieses Prachtstück kostet nicht einmal drei Euro fünfzig!

Mürbeteig geht so:
100 g kalte Butter
100 g Zucker
150 g Mehl
50 g Kokosflocken
2 Eigelb
Messerspitze Backpulver

Für das Baiser:
2 Eiweiß
ca. 75 g Zucker

Alles zusammen kneten, kühl stellen (ich rolle den Teig aus, belege die Form und kühle den Kuchen so).

Rhabarber wie oben zubereiten. Den Teig vorbacken, ca. 15 Minuten bei 180 Grad. Dann die Rhabarberstücke drauflegen.

Aus den nachgebliebenen zwei Eiweiß Schnee schlagen und ca. 75 g Zucker unterschlagen. Das Baiser auf den Kuchen geben und wieder in den Ofen, backen, bis das Baiser sich bräunt.

Runter vom Blech! Dann darf, weil es doch wieder mal Frühling geworden ist, eine Sahne geschlagen werden, die mindestens 33 % Fett hat. Gott, ist das schön.

Meine blaue Stunde

kommt heute aus der grünen Flasche.

Kochen ist auch Sprechen

und zum Schluss,
wenn der Genuss
nicht zu übertreffen,
nehme ich mir ein Stück
trockenes Brot,
zurück auf die Erde.

Wenn du findest

und du weißt,
da ist nichts zu verbessern,
es ist so, wie es sein muss,
findet sich stets einer,
der meint, hervorragend!
Ich müsste nur noch ein
bisschen von diesem und jenem
dazutun.
Lecco mio!

Scones à la Bethke

Form statt Förmchen,
nie verwendet, wird heute gespendet: Oxfam,
die alte neue Auflaufform.
Aber vorher noch ihr Debüt
hier bei mir.

200 g Mehl
etwas Salz, etwas Zucker, etwas Fett
halber Würfel Hefe
saure Sahne, Zitronenschale

Alles zu einem halbfesten Teig verarbeiten, eine Rolle formen, daraus sechs Teilchen zu Rundlingen formen und in die gefettete Auflaufform legen, Scones à la Bethke werden das.

Übrigens fällt mir zu Scones à la Bethke ein, statt nur Mehl könnte die eine Hälfte durch Müsli oder eine gute Flockenmischung ersetzt werden.
    Ich muss die Spendenaktion hinauszögern. Kann nicht jemand kosten kommen? Butter muss dazu, gute Butter, die jede Speise verbessert, wie das Monument zu sagen wusste, und das Gelee vom Soldatenweg (siehe Seite 225), wo ich im Graben lag.

Heute begriff ich

was es mit dem gequälten Gesang
des gebratenen Schwans
in der Carmina Burana auf sich hat.
Ein zählebiges Tier wird lebendig gebraten.
Wasservögel werden lebend gerupft,
man lässt ihnen Kopf und alle lebenswichtigen
Organe, Herz usw., die während des Garens
gekühlt werden, mit einem in kaltem Wasser
getränkten Schwamm.
Bestialisch?

Es war im 13. Jahrhundert, als diese Lieder aufgezeichnet wurden (gefunden im Kloster Benediktbeuren). Die Rezepte schrieb der Baseler Arzt Jacob Wecker auf, ca. 1500.

Soll ich mich empören? Wenn wir es in heutiger Zeit nicht schaffen, hochentwickelt, alles kann heute durchleuchtet werden, sogar Unsichtbares, und da soll ich glauben, dass es keine Möglichkeiten geben soll, bei einem Ei festzustellen, ob es ein männliches Küken hervorbringen wird oder eine kleine Henne, und wie das endet, ist ja weiß Gott auch nicht so prall.

Mein Holzlöffel

Mit diesem Holzlöffel wird nur Kuchenteig gerührt. Nichts sonst. Dient schon mindestens über vierzig Jahre. Wie der alte silberne hat er schon Abnutzungserscheinungen, aber er muss noch aushalten.

Ich persönlich habe ganz „persönliche" Beziehungen zu meinen Helfern. Und manchmal rede ich mit ihnen oder singe ihnen etwas vor: Küchenlieder, Lieder, die zu Herzen gehen, wie „Mariechen saß weinend im Garten, im Grase lag schlummernd das Kind ...", oder ich sage vor mich hin: „ ... denn jeder Jüngling hat nunmal den Hang zum Küchenpersonal". Ob's noch schlimmer mit mir wird?

Unerlässlich, diese Löffel, keine Küchenmaschine, kein Mixer, kein Mixstab können ersetzen, was anhand dieses Löffels außer den Zutaten in den Teig fließt.

Ich verwende nie Plastik in der Küche, habe nicht viele Geräte, aber die wenigen sind von erstklassiger Qualität. Auch keine beschichteten Pfannen und Formen habe ich. Am liebsten Schwarzblech, auch nicht zu viel Backpapier. Beliebig Plätzchen auf das halbe Blech (ungefettet) geben.

Mit was auch immer bedecktes Hefegebäck

Ich bin der absolute Hefe-Freak,
weil sie gesünder als Backpulver ist,
und nur als frischer Würfel.
Mindestens zwei davon liegen
immer in der Kühlschranktür.
Preiswerter ist solch ein Gebäck ohnehin,
hat weniger Kalorien, und
man kann drei Stücke davon
mit gutem Gewissen essen.
Anruf: In einer Stunde bin ich da.
„Kein Problem", in einer Stunde steht
das warme, gut riechende,
mit was auch immer bedeckte Hefegebäck
auf dem Tisch. (Grundrezept siehe S. 130, 176)

Neulich hatte ich außer saurer Sahne
nichts zum Anrühren
das war der Knüller, ging fast von alleine auf
und wird als Standardrezept eingehen.
Solch ein Fladen
ist super, super gut und gesund.

Und immer muss der Kuchen nach dem Backen
vom Blech! Selbst wenn er dabei einen
Riss bekommt.
Ich merke das sofort, wenn
er in der Form abgekühlt ist.
Ich schmecke das Blech.

„Nimm Platz

der Tisch ist gedecket und alles bereit …"
Bediene dich am Tisch des Lebens,
sieh zu, dass, wenn du unten sitzt,
du nicht mit der leeren Schüssel
vorlieb nehmen musst, weil diejenigen,
die oben sitzen, schon die Fleischbrocken
herausgefischt haben.
„… und wenn es köstlich gewesen ist,
hat es geschmeckt".
Abwandlung des Bibelspruches:
„… und wenn es köstlich gewesen,
so war es Müh und Arbeit." Na bitte schön.
Deshalb stand die erste Karbonade, gebraten,
hinter der Gardine in der Küche
auf dem Emailleteller versteckt, denn:
„Er darf alles essen, aber nicht alles wissen."
Abnehmen sollte sie immer.
Den Teller bat ich mir, als er
überflüssig wurde, aus, und weil ich vor mir
nichts verstecken muss,
hat er eine andere Funktion
bekommen. Ich mag ihn sehr, und er ist eine
Erinnerung wert.
Für Erika H., geb. Bethke

„Butter verbessert jede Speise"

Das Monument

„Über dieses Stück Butter, das Vater mitbrachte, wenn er am Montag kam, im Winter hatte er sich Zeitungspapier unter die Joppe geschoben, um auf dem Mofa nicht zu erfrieren, schließlich waren es fast vierzig Kilometer zu fahren, freute ich mich sehr. Wir konnten uns die einfach nicht leisten."
Gisela

„Wenn du Brot und Butter und Kartoffeln im Hause hast, vielleicht noch ein oder zwei Eier, kann dir nichts passieren."
Annemarie

Das Halbpfundstück sehe ich heute noch vor mir, „gute Butter", sagte man. Verhältnismäßig zum Lohn war sie sehr teuer, zwei Mark, deshalb war es nicht ungewöhnlich, nur ein Viertel Pfund zu kaufen oder ein Achtel, nur zum Sonntagsfrühstück. Sie erschien mir damals hochwertiger zu sein, mehr nach Butter schmeckend, nach guter!, und hatte auch eine andere Konsistenz. Diese Lebensmittel sind heute noch für mich Grundnahrungsmittel: Kartoffeln, Brot, Butter, Mehl, und wenn du noch ein Ei hast, ist alles gut.

Heute gibt es von allem zu viele Sorten, die mich verwirren, da ist es besser, wenn der Schuster bei seinen Leisten bleibt, erst dann wird aus ihm der Meister mit der Zeit und er macht seine Arbeit im Schlaf. Nicht unsere Eltern haben uns erzogen, sondern die Zeiten, wo aus jedem Minimum von Essbarem eine Köstlichkeit entstehen musste, und deshalb verwende ich heute zum Backen nur Butter.

„Da weiß man doch, was man verschluckt."
Toni Buddenbrook

Wenn man in Gefahr ist

hat man keine Angst,
„keine Zeit, keine Zeit",
die stellt sich erst später ein,
dann ist das Feuer gelöscht,
das Kind aus dem Brunnen geholt,
hoffentlich lebt es noch,
also vollkommen überflüssig.

Spätfolgen nennt man das
und ist kein Spaß.

Als Monika mit ihrer alten Katze Cilly

zur Tierärztin kommt und Bericht erstattet,
hört sie,
dass alte Katzen anderes Futter brauchen
als junge.
Keine Powerverpflegung mehr,
altersgerecht sollte sie sein.
Sag ich doch! Warum soll eine alte Katze
immer noch Bock
haben auf diese Kätzchenspiele.

Das gilt auch für uns Alte,
wir brauchen auch andere Kost,
keine Energiedrinks, keine Viagra-Pillen,
keine Ergänzungspillen
aus der Apotheke.
Es ist unser gutes Recht, sich mal
müde, matt, marode zu fühlen,
sich mal der Lust, sich alt zu fühlen,
hingeben zu können.
Das hat auch was, findet die Unterzeichnende.
An solchen Tagen gibt es etwas Weiches,
etwas, was im Mund
zärtlich ist: Pudding oder Arme Ritter in Saft,
Kartoffelbrei mit einem Apfel
zusammen gekocht,
mit Muskat, Sahne abgeschmeckt und Butter,
die oben in einer Vertiefung
auf der Portion schmilzt.

Lirum Larum Löffelstiel

alte Weiber essen viel,
Junge müssen fasten,
Brot, das liegt im Kasten,
Messer liegt daneben.
Ei, was lustig Leben
Eins, zwei, drei
und du bist frei.

Bis heute grüble ich darüber nach,
welchen Sinn das hat:
alte Weiber essen viel, junge weniger.
Ich kam immer zu dem Resultat,
das hat mit der Figur zu tun,
der Taille, die man schon damals haben wollte.
Meine Mutter kämpfte ewig aussichtslos,
jede Diät wurde gemacht,
einschließlich Zitronenkur,
da wurde nur Zitronenwasser getrunken.
Wir wurden davon angesteckt.

Erst jetzt als „altes Weib" weiß ich,
es geht auch anders,
und zwar ganz einfach:
Von allem, was man sonst auch isst,
etwas weniger zu sich nehmen,
das zweite Glas Wein lass sein,
und vergiss alle Ersatzmenüs,
auch die aus der Apotheke,

es kommt allein auf einen selbst an,
das Bild, das man gern für sich abgeben möchte,
gilt es zu verwirklichen.
Ein fantastisches Gefühl,
wenn die Hosen passen und kein Zelt
notwendig ist,
um unnötige Pfunde zu kaschieren.

Dazu gehört das Kochen,
es gibt so tolle Gerichte,
da schmelzen die Gewichte.
Nudeln und Linsen zusammen, perfekt passend,
beim zweiten Mal kann sogar
ein Würstchen rein.
Tolle Teller mit Rohkost machen,
gutes Öl verwenden,
körniger Frischkäse mit Leinöl
und neuen Kartoffeln!
Spitzenmäßig, Haferflockenmakronen backen
und zum Kaffee davon nehmen.
Das alles macht auch noch
viel Freude, wenn man Lust dazu hat.
Ausprobieren.

Was es heute gibt?

Eigentlich sollt's, gestern gedacht, eine Gemüsepfanne geben, die einem Reistopf weichen muss, weil ich das Arrangement, die angeschleppten Gemüse – Rosenkohl, Möhren, Chili, Paprika, Broccoli, Sellerie – nicht zerstören will, in roter alter Schüssel von Adele, auf roter Leinendecke auf den Tisch, in der Sonne auf dem Balkon.

Schluss jetzt mit den Splittern, ran an den Salat, der heute aus Chicorée und den letzten Äpfeln besteht, denn morgen, hörte ich eben, gibt's neue.

Endivien-Apfel-Salat
1–2 Chicorée halbieren,
den Strunk entfernen, könnte bitter sein,
in schmale Streifen schneiden.
1 kleinen Apfel schälen,
in kleine Stückchen schneiden.
Gut passt auch eine Mandarine oder
Apfelsine in kleinen Stückchen dazu.
Dressing besteht aus 200 ml Joghurt,
Zitronensaft, Honig oder Zucker,
etwas süße Sahne.
Alles zusamen vermischen.

Passt in die Fastenzeit

Gleich morgens zieh ich los:
feste Schuhe, dicke Jacke,
Mütze, Handschuh, Schal,
Tasche, leere Beutel,
auf zum Kauf.

Eigentlich ist alles da,
was ich so zum Leben bräuchte,
doch der Mensch, der ist nun mal
unberechenbar.
Ich.

Kohl, Zucchini, Paprika,
Möhren, Aubergine,
gegen Krebs auch Brokkoli,
Knoblauch, weil ich nicht mehr küsse
und es nicht vermisse.

Weil ich das Gebilde,
das ich aus den Früchten bilde,
erst nochmal genießen will,
denn das Auge möchte auch was haben,
muss ich mich an andrem laben:

Pellkartoffeln aufgesetzt,
das ist schon mal gut,
Knoblauch, Sahne, Gurke, Dill,
gehobelt und gequetscht,
lieber Gott, wie mir das schmeckt!

Und dabei?
Vielleicht noch ein gesetztes Ei?
Kaffee und der Rest vom Kuchen
beenden dieses Göttermahl,
was jeder sollte mal versuchen.

        24. Februar 2016

Kinderreim

Petersilie Suppenkraut
wächst in unserm Garten.
Unser Mädchen ist die Braut,
soll nicht länger warten.

Ein gutes Schwein frisst alles

Ich gehöre dazu, es soll ja auch das Tier sein, welches dem Menschen am ähnlichsten ist.

Unseres hieß immer „Anton", jedes Jahr.

Heute noch spüre ich es mit der Hand, seine Borsten, wenn er hinter seiner Tür hochkam und ich ihn kratzte. Das hatte er gern, und wenn er sein Fressen bekam, war er ganz und gar aus dem Häuschen. Schon wenn man sich mit dem Eimer seinem Koben näherte, machte er Randale.

Wir liebten ihn, holten ihm Brennnesseln und Melde aus dem Garten, Fallobst, alles, was an Resten in der Küche übrig war, bekam er.

Abends durfte er raus auf den Hof. Ich, lesend, passte auf, dass er nicht entwischte.

Aber wenn der Tag kam und er für schlachtreif gehalten wurde, kannte keiner von uns Pardon. Das gehörte dazu, Anton war die Versicherung, dass man gut über den Winter kommen würde. Und ich hatte auch diesen Schlachttag gern, wenn das gekochte Fleisch für Sülze auf den Tisch und der Bregen in die Pfanne kam, Spirkel gebraten und das Fett zum Schluss mit Brot aufgewischt wurde, nie hatte ich irgendwelche Skrupel.

Der Stall wurde gesäubert, gekalkt, neues Stroh ausgebreitet, und irgendwann ging es zum Markt, ein neuer „Anton" ausgesucht, im Sack nach Hause auf dem Handwagen gefahren, und das alles wiederholte sich, Jahr für Jahr.

Nie verging mir der Appetit damals, und ich frage mich, warum mir heute, wo alles so appetitlich ausgestellt und angerichtet ist, nirgends eine Spur von Schwein zu sehen, er mir manchmal fehlt, der Appetit.

Apfelbrot

Etwas fehlt noch, nach dem Essen,
kein Kuchen, kein Keks mehr da,
weder alt noch frisch,
nur noch ein Rest
von den gekochten Apfelstücken,
die ich mir jetzt auf eine
Scheibe dunkles Butterbrot schichte.
Göttlich, diese schmelzende Butter
zwischen Brot und warmen Apfelstücken.
                                    15. Februar 2016

Puffervariationen

Zu den Standartgerichten gehörten in meiner Kindheit Kartoffelflinsen mit Blaubeersuppe, auf der Schnee- oder Grießklößchen schwammen. Lieblingsgericht.

Bei den Puffern bin ich geblieben, aber auch abgewandelt, statt die Kartoffeln fein zu reiben, raspel ich sie nur grob. Geht schneller und die Finger geraten nicht so in Gefahr, mit der Reibe in Kontakt zu kommen. Und die Suppe? Es fehlt an den im Wald gesuchten Blaubeeren. Aber so geht es auch:

3 Kartoffeln grob raspeln,
1 Ei, etwas Mehl zugeben,
alles vermischen zu einem Pufferteig.
In einer schweren Pfanne
Rapsöl erhitzen und Puffer
darin backen. Erst zum Schluss
salzen, da sich sonst zu viel
Flüssigkeit bildet. In der Pfanne,
nicht zu früh umdrehen, dann lösen
sie sich besser. Auf Küchenkrepp
abfetten lassen.

Man kann sie mit Zucker essen, mit Apfelmus oder einfach so: aus der Hand. Fingerfood.

Oder:
3 Kartoffeln, ein Apfel grob raspeln,
1 Ei, paar Haferflocken oder etwas Mehl
darunterrühren und mit einem Esslöffel
kleine Puffer in das erhitzte Rapsöl
geben. Wie im Grundrezept beschrieben.

Dazu passt gut Lachs und *Apfelsahnesoße:*
1 säuerlichen Apfel raspeln,
etwas Ingwer in winzige Würfelchen schneiden,
Zitrone nach Geschmack,
etwas Zucker.
Mit einem Becher saure Sahne und
etwas süßer vermischen.

Schmeckt ganz toll, kann auch mal für Gäste zubereitet werden.
Für die Soße kann man auch statt Zucker Honig verwenden und ein paar Rosinen reintun.

Immer passen zusammen:
  Kartoffeln und Kürbis
  Kartoffeln und Zucchini
  Kartoffeln und Möhre
  Kartoffeln und Fantasie

  Zusammen als Puffer gebraten,
  preiswert und sooo gut.

Andre Länder, andre Sitten

Wir sind auf Skiatos in Griechenland. Heute wird es Lamm geben, gegrillt. Wir sehen, wie es sich am Spieß dreht, und den Duft hatten wir schon in der Ferienwohnung in der Nase.

Am Nachmittag drehen Inge und ich unsere Runde und überlegen, welches Stück wir uns aussuchen werden. Am Abend haben wir eine Art von Fleischbrei auf dem Teller, der Koch haut mit der flachen Seite vom Beil auf das Stück Fleisch, Knochen und alles zersplittert und guten Appetit auf Griechisch. Und scharf! Sofort muss mit Retsina gelöscht werden.

Da lobe ich mir doch unsere alten, guten *Braten,* die heute keiner mehr zu machen versteht, weil man dazu Geduld, Zeit, Lust und Liebe haben muss, und Erfahrung. Oma Wulff, die konnte das.

1 Stück Rindfleisch
1 Stück Schweinefleisch
mit Salz und Pfeffer würzen

In erhitztem Fett scharf anbraten, immer wieder wenden, immer wieder die Hitze verändern, je nach Bedarf, das ist das A und O, immer wieder die Flüssigkeit runterverdunsten lassen, bis sich um das immer wieder gewendete Bratgut Bläschen bilden.

Das dauert, aber daneben stehend putzte sie das Gemüse, die Kartoffeln, auch kochte sie sozusagen als Zugabe ein paar Nudeln, die uns besonders schmeckten, in einer Zeit, wo alles teuer war, waren es auch die Teigwaren.

Zwei, drei Schalotten aus dem Garten zum Braten und erst zum Schluss Deckel drauf und gar schmoren, aber immer wieder ab und zu den Deckel lüften, Kontrolle ist besser.

Die Soße andicken, ein Festessen!

Und ihr Gurkensalat erst!

Und hinterher immer selbstgemachten Pudding, Griesflammerie mit Beeren aus dem Garten oder Schokoladenpudding mit Vanillesoße. Traumhaft!

Schiller ist bei Goethe zu Gast, es gibt Schweinebraten mit Gurkensalat, alles zusammen auf einem Teller. Zum Schluss sieht Schiller bedauernd auf die Melange von Braten- und Gurkensaft. „Ich sehe, Sie sind ein Kenner", sagt Goethe und führt seinen Teller an den Mund.

So machten wir es auch bei Oma Wulff.

Kannst du nicht mal Erbsensuppe

ohne so viel Suppengrün machen!?
Jeder kocht immer wieder
seine Stammgerichte,
er kann Kochbücher lesen
so viel er will.
Und das ist auch gut so,
sie gelingen ihm immer besser,
und die, für die er kocht,
sind enttäuscht,
wenn er mal etwas anderes ausprobiert.

Es dauert, bis man sich an eine
neue Köchin und deren Erbsensuppe
gewöhnt hat. Die kommt aus dem
Schnellkochtopf, mit viel zerkochtem
Suppengemüse und Kochwürsten,
ziemlich dünn auf den Tisch.

„Mutter", hör mir auf mit deiner Mutter!
Also die machte sie so:
Ganz langsam kochen bei nicht ganz
geschlossenem Deckel, Majoran,
Kochwurst, gestreifter Speck,
kleines Eisbein vielleicht,
„um Gottes willen!",
und dick kam sie auf den Teller.

Liebe geht durch den Magen!
Ich hätte, wenn ich meinen Willen
hätte durchsetzen wollen,
das Suppenzeug im Ganzen mitgekocht,
vor dem Servieren rausgeholt
und verstohlen
selber gegessen.
Morgen muss ich Erbsensuppe kochen!

Vielleicht zwei Diplome?

Nachkochen ist keine Kunst.
Kochbücher legen fest,
lassen keine eigene Kreativität zu,
man muss seinen eigenen Senf zugeben können.

Schließlich wollen auch wir Frauen
etwas Eigenes!
Und wenn es das Jodeldiplom ist,
was überhaupt nicht einfach zu erwerben ist.
Gelernt ist gelernt!
Am besten beides anstreben:
Jodeln und Brodeln.

Sie gehen Blaubeeren pflücken

„Dieses Jahr gibt es viele",
höre ich aus Schweden.
Ich gebe den Rat,
genug Zucker an die Früchte zu geben,
wenn sie eingemacht werden sollen,
und erzähle von möglichen Explosionen
der gefüllten Flaschen, wenn Oma
zu sparsam damit war.
Aber unvergleichlich, diese Beeren aus dem Wald.
Und diese Ausflüge dahin
habe ich bis heute nicht vergessen.
Auch eine Art von Stabilität
wird den Kindern damit gegeben, sage ich.
„Das ist dann ihre Sache", meint
der moderne Vater.
Erstmal wird es heute gefüllte Omeletts geben.

Grießpudding mit Eigelb
und geschlagenes Eiweiß
untergezogen, mag ich auch sehr damit.
Und als Suppe erst zu Kartoffelflinsen! Oh!
Das war die Zeit der blauen Lippen,
ich denke, die Beeren von der Plantage
tun das nicht mehr.

Vielleicht einen Ausflug planen
mit Kind und Kegel
zu einer solchen und „selber pflücken",

wie man aufgefordert wird,
statt 200 g in Plastikbox
für 3,99 Euro zu kaufen im Supermarkt.
Und probieren kann man so viel wie
man will und kann.
Überlegt doch mal, und unterwegs
Picknick machen.

Kochkenntnisse stehen in keinem Kochbuch

auch wenn meterweise welche in der Küche
auf dem Bord stehen.
Die kommen erst nach und nach
durch das Sich-selbst-Beköstigen,
das Selberkochen macht den Meister.
Hauptzutaten: Lust, Liebe und Gespür.

Gedankengänge einer alten Köchin

In der Küche: Die alte Küchengeschichte
neu zu denken, und deshalb wird sie
statt Backpulver heute das lebendige
Triebmittel Hefe verwenden,
denn es fehlt noch was für danach
zwischen die Zähne: *„Apfelkuchen"*.

Also:
1 Ei
150 g Mehl
etwas Zucker
Hefe
bisschen Fett
etwas warme verdünnte Sahne oder Milch

Alles zusammen mit Sahnewasser (warm) verrühren, ja, mit dem Holzlöffel schlagen, bis der Teig

Blasen wirft. In eine Keramikform Brösel geben, mit Butter ausschwenken, den Teig einfüllen und mit dicken Apfelvierteln belegen. Zimt und Zucker mischen, daraufstreuen und mit Butterflöckchen versehen.

Ich weiß noch nicht, ob es wird, aber in Gedanken schlage ich schon Schlagsahne, die gesüßt und mit einem Schüsschen Rum aromatisiert dazugegeben werden soll.

Warm, stelle ich mir vor, wird das sehr gut schmecken. Ich sage nachher Bescheid.

Also, das wurde fantastisch, der Saft war beinahe karamellisiert und ¼ ich, ¾ zum Probekosten.

„Hefe ist nicht so mein Ding", höre ich oft, weil, auch in allen Rezepten so angegeben, immer wieder gehenlassen. Das stammt bestimmt aus der Anno-Tobak-Zeit, als 's noch kalt war. Ich schiebe ihn in den kalten Ofen und die Anheizzeit ist gleichzeitig Aufgehzeit.

Kuchen backen

„Wer will schönen Kuchen backen
der muss haben sieben Sachen:
Butter und Salz
Zucker und Schmalz
Milch und Mehl
Safran macht den Kuchen gel."

Das stimmt so nicht, keiner meiner Altersgruppe weiß den Vers richtig, aber jeder legt gleich los ... und ja, wie geht es weiter?
Das gilt bis heute und gibt unendliche Variationen, wenn man will. Kreieren nennt man das.

Beim Bäcker sehe ich 1 Stück *„Handgerührten"* in Zellophan verpackt mit Firmenlogo für 4,20 Euro!
Dafür backe ich einen ganzen „Handgerührten", wusste gar nicht, welchen Wert meine Handarbeit in der Küche hat.

Hier einige Anregungen:
250 g weiche Butter
250 g Zucker
250 g Mehl
4 Eier
1 TL Backpulver

Erst die Butter schaumig rühren, Zucker und Eier nach und nach zugeben, Mehl mit Backpulver vermischt darübersieben und verrühren. Je länger man rührt, desto besser ist das Ergebnis – ein *Schokoladenkuchen*.
Bei Mittelhitze ca. 60 Minuten backen.

Man kann aber dem Teig auch eine Handvoll in Rum eingeweichte Rosinen zugeben oder Zitronenschale, das ergibt einen *Königskuchen*.

Oder zum Mehl 150 g gemahlene Nüsse zugeben, etwas Rum oder Cognac, Schokostückchen, dann etwas mehr Backpulver und eventuell Milch.

Einen Teil des Teigs mit Kakao vermischen und als Schicht dazwischengeben – *Mamorkuchen*.

Diese Kuchen sind sehr fein.

Wenn man aber 500 g Mehl auf 250 g Zucker und vier Eier gibt, geht das auch.
Man kann Zitrone, Vanillezucker oder Mandelöl, wenige Tropfen, zugeben.
Der Phantasie sind keine Grenzen gesetzt und wunderbar, immer ein Stück Kuchen in der Dose zu haben.

Lebensmittelqualität

Die Qualität der Lebensmittel könnte sehr viel besser sein. Die Nektarinen gingen nicht vom Stein, waren hart und eigentlich ungenießbar. Mach was draus.

Mit wenig Wein aufgekocht, durch ein Sieb gedrückt, was sich passieren ließ. Mit braunem Zucker gesüßt, und dazu mache ich mir Milchreis, und siehe da, ein ganz passables Essen für einen Tag wie diesen.

Vielleicht hole ich nachher noch welche, denn teuer waren sie nicht, ob privilegiert oder nicht, aber alles, was wie gemalt aussieht an unseren Früchtchen, ist wie das Gemalte: ungenießbar.

Annemaries Plätzchen

Ich bin zu Besuch, wo ich nicht nur Gast bin, ich darf überall ran. Am Abend drehe ich noch eine Runde durch die Küche und entdecke auf dem Schrank eine Dose. Ich liebe schöne Dosen. In dieser scheint etwas drin zu sein.

Haferflockenplätzchen, von Annemarie gebacken, die stets behauptet, das könne sie nicht. Ich probiere und nehme die Büchse gleich mit ins Zimmer. Hier ist das Rezept:

140 g kalte Butter
70 g Zucker
2 Eigelb
100 g Mehl
70 g zarte Haferflocken
1 TL Backpulver

Alles zu einem Mürbteig verkneten, zwei Stunden im Kühlschrank kalt stellen, nachdem man den Teig in zwei Rollen geformt hat.

Davon mit einem Messer Scheiben abschneiden und auf ein mit Backpapier ausgelegtes Blech legen. Bei ca. 180 Grad, mittlere Höhe, im vorgeheizten Ofen backen.

Halten sich lange, sind schnell vertilgt, aber auch schnell wieder nachgebacken. Bald hat man das Rezept im Kopf und kann es auswendig weitergeben.

Restekuchen sind immer anders

Der Moment ist verpasst, um nach draußen zu gehen, zum Sturm ist noch Regen hinzugekommen.
    Was tun? Ewig lesen geht auch nicht. Also in die Küche, da gibt es immer etwas zu tun, was mir Spaß macht.

3 Eier müssen verbraucht werden,
ebenso die Butter aus dem Papier,
das Päckchen Vanillezucker will auch weg,
und der braune Zuckerrest im Glas
ist seit Weihnachten schon fast verklumpt,
der halbe Becher Sahne
über das Verfallsdatum hinweg,
aus all dem stelle ich einen Rührteig her.
Ach, ein Teelöffel Backpulver
muss natürlich in den Teig,
und ca. 200 g Mehl.
Weil er mir fast fest erscheint,
leere ich den Rest aus der Rumflasche hinein,
die kann dann gleich mitgenommen werden
zum Container.
Heute fette ich die Kranzkuchenform aus,
gebe Brösel hinzu und fülle die Hälfte
des Teiges ein.
Dann setze ich mit einem Teelöffel
von meinen eingekochten Schattenmorellen,
kleine Mengen verteilt darauf,
mische die andere Hälfte

mit einem Teelöffel Kakao
und verteile ihn darüber.
Bei 180 Grad im Ofen etwa eine Stunde backen.

Zuletzt verpasse ich ihm noch mit einem Schokoladenguss ein fast picassomäßiges Aussehen. Guten Appetit!

Mein jüngstes Kind hat heute Geburtstag,
es wird 55 Jahre alt.
Ob das unterschwellig der Anlass war?
Essen werden ihn andere.
3. Februar 2016

In dem Augenblick

wo der Verstand ins Spiel kommt,
ist aus der Traum.
Alles, was wie aus dem Handgelenk
geschüttelt,
gerät ins Stocken,
wie die Sprache,
wenn du berichten sollst
dein Leben.
Das Gericht deines Lebens
kurz gefasst.
Immer zu wenig Soße!

Auch das kann Fortschritt sein

nicht alles gleich zu verteilen.
Übers Kochen lerne ich mich
und Anderskochende kennen.
Jeder kocht sein Süppchen.

Meine Gerichte

sind auch Geschichte,
mit Dichte,
so hoffe ich.

Wir sind so flüchtig

wissen nichts richtig,
nur, dass zwei Pfund Rindfleisch
eine gute Suppe ergeben.

Nein, diese Suppe esse ich nicht!

Suppen sind herrlich,
herrlich einfach zu kochen,
wenig Geschirr, wenig Abwasch,
endlose Variationen möglich,
bis hin zu traumhaft.
Man muss Kenner sein
und kein Suppenkasper.
Oma Wulff kochte immer einen Brühwürfel mit,
so einen kleinen viereckigen von Maggi.
Ob es die heute noch gibt?
Manchmal fehlt meiner Suppe so der letzte Kick.

Kartoffelsuppe passt immer:
Mehlig kochende Kartoffeln schälen,
einige Möhren schrappen,
ein Stück Sellerie schälen,
Porree, ein Lorbeerblatt,
Brühwürfel, Butterschmalz.

Gemüse und Kartoffeln würfeln, in Butterschmalz andünsten, mit Wasser auffüllen, Brühwürfel zugeben, aufkochen und langsam köcheln lassen.
Dann zerstampfen, mit Salz und Pfeffer würzen, abschmecken. Man kann geräucherten Speck in Würfeln auslassen, eine Zwiebel mitbräunen und zu der Suppe geben, oder man kann auch Würstchen darin heiß werden lassen.
Nichts ist unmöglich!

Ratschläge

sind auch Schläge,
aber dieser ist gut:
Wenn das Gewicht reduziert werden soll,
muss man viel im Hause haben,
sonst klappt es nicht mit der Einschränkung,
weil man ständig auf der Suche nach etwas ist,
was man sich noch zum Munde führen könnte.
Jetzt bist du frei davon,
du kannst, wenn du willst,
aber du willst ja gar nicht,
und siehe da,
die Waage zeigt bei aller Fülle
zwei Kilo weniger an.

Mein Küchenlatein

Ungewollt bleibt stets ein Rest,
aus dem sich Neues machen lässt.
Endlosschleife nenne ich das,
verschrieb mich, und da stand:
Erdbeerschleife.

Falscher Hase

Falsche Hasen, die wir sind,
den aber mag ich ganz gern:

>500 g gemischtes Hack
>1 Ei
>2 alte, eingeweichte Brötchen, ausgedrückt, zerpflückt
>1 Zwiebel, kleingehackt
>Salz und Pfeffer, Majoran

Alles zusammen zu einem Teig verkneten, mit den Händen, und daraus einen länglichen Laib formen.
    Diesen ganz langsam in Butterschmalz anbraten und immer wieder wenden, bis er rundum braun ist, etwas warmes Wasser zugeben und mit geschlossenem Deckel zu Ende braten.
    Man kann ihn auch im Ofen schmoren. Ich muss aber immer alles sehen und vor der Nase haben. Ich lege noch ein paar geschälte Schalotten drum herum, die zuerst weg sind.

Hähnchenkeulen mit Reis

Wundervoll, wenn alles passt.
Bin ich schäbiger, wenn ich es liebe,
gute Sachen für den halben Preis zu erstehen?
Betrifft Kleidung und leider, leider
auch Lebensmittel, die gegessen werden wollen
und ein schlechtes Gewissen verursachen,
denn auch als „Hochbetagte" drückt einen
der Bund der Größe von gestern.
Wer kann denn immer den Bauch einziehen!
Wenn ich es schaffe, dem Zwang zu widerstehen
in die „Aktionsecke" zu gehen, klopfe ich
mir auf die Schulter, aber so recht befriedigt
bin ich auch nicht. Heute schaffe ich es nicht,
ich erstehe fünf *Hähnchenunterkeulen*
von „Goldmarie",
statt 3,86 bezahle ich 1,60 Euro.

Die kommen jetzt in die Pfanne, in Olivenöl anbraten, wenn sie gebräunt, etwas Weißwein zugeben, würzen, Deckel drauf und schmurgeln lassen.

In einem zweiten Topf gewaschenen Reis in Öl anbraten, eine Tasse Reis, zwei Tassen Wasser. Würzen, aufkochen lassen, Platte ausstellen, quillt von allein auf.

Keulchen aus der Pfanne nehmen, süße Sahne zum Bratensatz in die Pfanne, abschmecken mit selbstgemachtem Ingwerchutney (siehe S. 221).

Muss man unbedingt selbst herstellen, passt zu allem, mindestens zu vielem.

Man könnte auch verschiedene Gemüse mitschmoren oder Pilze.

Aber manchmal muss auch in der Küche ein milder Geschmack vorherrschen in lauter Zeit und Geschmacksnerven tötender Gewürze.

Nach-schmecken. Dem Geschmack nach-gehen. Dazu empfehle ich ein Fläschchen Vino Verde aus Portugal in hellblauer Flasche, ist ganz leicht und passt.

Rosas Sommersuppe

1 Pack. Hühnerklein aus der Tiefkühltruhe
1 Pack. Sommergemüse, auch aus der Truhe

Das Hühnerklein abspülen und mit ¾ l Wasser aufsetzen. Wenn es kocht, runterschalten und langsam köcheln lassen, bis das Hühnerklein gar ist.
Durch ein Sieb abgießen,
das Hühnerwasser erneut auf die Herdplatte
und mit dem Gemüse zum Kochen bringen,
würzen, körnige Brühe aus dem Glas und
langsam garen lassen. Dauert nicht lange.

Inzwischen aus einem halben Liter Milch
einen festen Grießpudding kochen.
Eine Hälfte davon süßen, als Nachtisch,
die andere mit Salz und Muskat abschmecken.
Von der Masse mit einem Esslöffel Klöße
abstechen und in die fertige
Suppe geben.

Rosa liebt Grießpudding mit Himbeergelee. Das weiß die Oma und hat auch welches da, sonst nimmt sie Saft, „geht auch", findet das Kind dann gnädig.

Von den Knochen wird das wenige magere Fleisch abgesucht und kommt ebenfalls in die fertige Suppe. Lecker ist das.

„Nimm aber kein Suppengemüse", rät mir die Großmutter von Rosa, als ich die Suppe probiert und auch für sehr gut befunden habe, „zu viel Grünzeug drin." Das dosieren wir lieber selbst, finde ich auch.

Das kann sie jeden Tag essen, sagt die Großmutter, wenn Rosa im Sommer auf Besuch kommt, und Spinat! Den auch, aber nicht den mit dem „Blubb", sondern den machen wir selbst. Einfach den Spinat im Topf auftauen, etwas Muskat dazu und mit frischer Sahne veredeln! Sie will dazu kein Ei und nichts weiter als Kartoffeln. Komisch, mir schmeckt das dann auch, wenn sie hier ist. Allein würde ich mir das nie machen.

Probanden

Probanden sind wir,
jeder einer, jeder
ein letzter Versuch.
Kochen muss man können,
sich hin und wieder etwas gönnen,
etwas warme Suppe braucht der Mensch.
Auf die Mischung kommt es an.
Na, dann. Anneliese,
die nie genießen konnte.

Der Kürbis ist ein Kürbis ist ein Kürbis ...

Ein Riesending mit wenig Fleisch, vielen Kernen und Abfall für das Schwein im Stall. Wurde im Steintopf süßsauer eingelegt, Essigessenz, Wasser und Zucker, während des Krieges bestimmt mit Zuckerersatz. Deshalb fing er schnell an zu schimmeln, und Teller und Tuch, mit dem der Topf abgedeckt wurde, mussten peinlich sauber gehalten werden. Entnommen durfte nur mit einem Silberlöffel werden. Heute noch überlege ich, warum wohl? Sonst kein Kostverächter, hat diese Art des Einmachens mich nie recht überzeugen können.

In den letzten Jahrzehnten bekam er aber seinen Auftritt, was für Sorten auf den Markt kamen, nie gesehen, nie gekannt.

Rezepte entstanden ohne Ende, Marmeladen, Chutneys, Haupt- und Nebengerichte, Puffer-Variationen, Frikadellen u. u. u.

Ich wurde zu seiner Spezialistin, kochte und probierte alles Mögliche und Unmögliche. Hinzu kommt heute die fabelhafte einfache Methode der Haltbarkeitsmachung mit Gläsern, ich glaube, man nennt sie Twist off o. Ä. Das Kochgut kommt heiß ins Glas und Deckel drauf, zugedreht, fertig ist die Laube.

Ganz doll schmecken Kürbisfrikadellen

ca. 400 g Hokkaido-Kürbis raspeln
2 Eigelb
2 Zwiebelchen kleingeschnitten
gehackte Petersilie
50 g Emmentaler Käse gerieben
etwas Paniermehl und
1 zerdrückte Knoblauchzehe

Alles zu einem Teig vermischen und Frikadellen daraus formen. In heißem Rapsöl von jeder Seite ungefähr fünf Minuten braten.
 Dazu macht man eine Soße aus Joghurt oder saue Sahne mit Schnittlauch oder Dill.
 Man kann die Klopse auch kalt essen, aber nie aus dem Kühlschrank!

Kürbissuppe

Folgende Suppe ist ebenfalls köstlich:
 ca. 400 g Kürbisfleisch
 (dafür kann man auch das weichere Innere
 nehmen, was zwischen Kernen und
 festem Fleisch ist)
 Zwiebelchen kleingeschnitten
 etwas Butter
 Salz, Pfeffer

1 Knoblauchzehe
½ l Gemüsebrühe

Alles zusammen andünsten und mit der Gemüsebrühe ablöschen. Ist schnell gar. Dann mit dem Mixstab zerkleinern, und wenn man will, einen Becher Sahne zugeben. Muss aber nicht.

Für *Kürbiseintopf* kommt zusätzlich noch eine große Kartoffel und eine Stange Porree kleingeschnitten hinein. Zum Schluss gebe ich eine Cabanossa rein, die durch ihren Rauchgeschmack mal ein anderes Aroma abgibt. Diesen Eintopf nicht pürieren. Muss aber ziemlich dick sein, der Löffel muss fast drin „stehenbleiben".

Mein Kürbisbauer

Kürbisbrot

500 g Mehl
½ Würfel frische Hefe,
bei Trockenhefe ein Beutel
300 g Kürbis, geschält,
weichgedünstet in wenig Milch

Alles mit dem Schneebessen verrühren.
1 EL Butter
2 EL Zucker
1 TL Salz
unterrühren

Alles miteinander verkneten, in eine gefettete Form geben und eine halbe Stunde gehen lassen. In den kalten Ofen setzen und 50 bis 60 Minuten bei mindestens 170 Grad backen.
Man kann auch etwas Anis dazugeben.
Ist köstlich, einfach und schnell gemacht.

Immer ein Stück danach: zum Kaffee ein süßes Teilchen

Das Ei muss weg,
das in der Tür vom Kühlschrank steckt.
Wie viel Möglichkeiten!

Hefekuchen?
Das geht so:
Wenn es ein Achtundachtziger sein soll,
muss man das Doppelte nehmen an Zutaten,
wenn es ein Fünfundfünfziger wird, diese:

150 g Mehl
15 g frische Hefe (verwende ich nur)
1 gehäuften EL Zucker
50 g Butter oder Margarine
¾ Tasse Flüssigkeit
(man nimmt Milch, aber da ich keine trinke,
verwende ich stets Sahne,
die ich mit heißem Wasser auffülle)

Mehl in die Schüssel geben, Hefe in die Mitte krümeln, Zucker draufstreuen, Prise Salz kann auch, die warme Flüssigkeit dazu verrühren, das Ei zugeben und mit einem Löffel, ich habe einen alten Holzlöffel mit Loch in der Mitte, schlagen, bis der Teig schön glatt ist.

    Ihn auf ein gefettetes Blech streichen, er reicht für eine runde Form, mit Streuseln (Butter oder

Margarine mit Mehl und Zucker verkneten) und als Krümel über den Teig streuen.

Wenn man das Mehl im Streusel durch einen Teil Kokosraspeln ersetzt, gibt das dem Kuchen noch eine andere Note.

Der Kuchen kann in den kalten Ofen. Die Anheizzeit ist gleichzeitig Aufgehzeit.

Bei 180 Grad ungefähr 50–60 Minuten.

Weil es Hefe ist, kann er schon warm genossen werden.

„Achtundachtziger" bedeutet, dass man beim Abbeißen den Mund weit aufsperren muss, beim „Fünfundfünfziger" geht es mit einem spitzen Mündchen. Wir waren und sind für den dünnen Fladen, schließlich müssen wir auf die Figur achten und nehmen lieber ein Stück mehr in die Hand.

Man kann das Ei aber auch so verwenden:
Hefegrundrezept,
auf den Teig dünne Apfelscheiben legen,
mit Butterflöckchen und Zimtzucker bestreuen,
den aber erst nach dem Backen,
weil er sonst zu viel Saft entwickelt
und der Ofen nach gebranntem Obst duftet.

Das Ei kann auch zur *Torte* verwendet werden:
1 Ei,
50 g Zucker und
2 EL heißes Wasser

zusammen in einem Gefäß mit dem elektrischen Rührgerät aufschlagen.

60 g Mehl mit einer Messerspitze Backpulver drübersieben und mit einem Schneebesen unterheben.

In eine mit Backpapier ausgelegte Kastenform geben und im vorgeheizten Backofen (200 Grad) ca. 20 Minuten backen.

Den Kuchen aus der Form lösen, Papier entfernen, auskühlen lassen. Einmal längs durchschneiden, wenn er zu dünn geraten sein sollte, ohne Teilung, mit einem Becher fest geschlagener Sahne bestreichen, kann Struktur behalten, nicht unbedingt glatte. Wenn vorhanden, kann von einem Stückchen Schokolade etwas drübergeraspelt werden.

Zur Füllung passt Marmelade, Gelee, auch diese Schokocreme, die im Glas, von Kindern geliebt und auf deren Namen ich jetzt nicht komme.

Kostet keine zwei Euro und ist ein Gedicht.

Kokosplätzchen

Noch ein Gedicht:

100 g Mehl,
¼ TL Backpulver
1 Ei
100 g Zucker
80 g Butter oder Margarine
80 g Kokosraspeln

Alles zusammen verkneten und kühlen.

Dann ausrollen und mit einem Kuchenrädchen in Rauten rädern. Diese auf ein ungefettetes Blech legen und bei 200 Grad im vorgeheizten Backofen abbacken, ca. 12 Minuten.

Vom Blech nehmen und, ehe sie in eine Dose kommen, auskühlen lassen.

Sie halten sich lange, und man kann sie immerzu essen.

Pfannkuchen

Man kann sich mit dem Ei aber auch einen *gefüllten Pfannkuchen* machen:
1 Ei
Prise Salz
etwas Zucker
2 EL Mehl
Milch oder Sahnewasser nach Bedarf

Alles verquirlen und in eine Pfanne mit zerlassenem Butterschmalz oder Margarine geben und von beiden Seiten bräunen.

Man kann ihn füllen, man kann Apfelmus dazugeben oder klein geschnittene Äpfel in den Teig geben und mitbraten.

Man kann aber auch drei kleine Blinis daraus machen und als Vorspeise mit Kaviar und saurer Sahne servieren. Und Dill!

Je weniger Zutaten ich im Hause habe, desto mehr Ideen überwältigen mich.

Man kann das Ei aber auch ganz einfach mit einer Scheibe Schinken zu einer duftenden Spezialität in der Pfanne braten und auf eine Scheibe Brot geben oder zum *Kartoffelstampf*, den man mit Muskat abschmeckt.

Kartoffelscheiben in wenig Wasser gar dünsten, dann zerstampfen, Sahne hinzugeben und alles miteinander verrühren.

Wenig und immer erst danach würzen, sonst wird der Stampf zu cremig.

Letzter Tag im Mai

Zusammen im Topf die letzten Nudeln aus der Hammermühle (teuer), mit den billigen Fusilli für 49 Cent, drei Tomaten, Schalotten, Basilikum vom Balkon, ergeben die passende Soße.
Im Ofen ein Brot aus Mehl und Dr. Budwigs Energiemix (Müslimischung), den Anastasia spendierte (beim Jobben im Reformhaus verdient).
Anschließend, um die Wärme auszunutzen, warten auf einem Blech runde Kekse, wie Annemaries Haferflockenplätzchen machen, auch sie mit Energiemix aufgepeppt, alles bio bio Biolek, der manchmal auch ein Meister der einfachen Küche sein konnte.
Wenn man „klar Schiff" unter seinen Lebensmitteln macht, findet sich noch so einiges, was als Baustein dienen kann für Gerichte wie Gedichte.
Beim Sichten meiner Bücher finde ich ein Kochbuch, „Vollwert", denn ich höre, alles verträgt die Sibirierin nicht, das sie mit Kostproben von dem Gebäck vor ihrer Tür finden wird, wenn sie von der Uni kommt.

Emma war überhaupt eine wunderbare Köchin

Als noch kein Mensch seinen Italiener
an der Ecke hatte,
war sie Vorreiterin und brachte
an unseren Kartenabenden
immer irgendeine Spezialität auf den Tisch.
Einmal mit einem Blech aus der Küche,
auf dem Toastscheiben lagen,
die mit Hackepeter,
einige davon mit Schmelzkäse belegt,
gebacken waren. Damals, 1953!
Auf diese Scheiben, heiß und kross,
kippten wir uns Ketchup,
was uns damals begeisterte.
Das habe ich nicht übernommen,
aber ihre *Korinthenknacker*.

Die gehen so:

50 g Fett
75 g Zucker
1 Ei
1 gehäufter TL Vanillezucker
125 g Mehl
1 TL Backpulver
75 g Korinthen
75 g Rosinen
75 g geh. Nüsse

Rührteig bereiten, Zutaten unterheben, kleine Häufchen auf ein Blech, bei Mittelhitze goldgelb backen.

„Kannst auch das Mehl durch Haferflocken ersetzen, auch gut." Emma

Und ihr Gewürzkuchen erst!

Den mache ich jedes Jahr zu Weihnachten.
250 g Mehl
250 g Zucker
250 g weiche Butter oder Margarine
4 Eier
1 Esslöffel Kakao
1 Päckchen Backpulver
125 ml Rotwein oder Milch
3 Esslöffel Schokostreusel
½ Teelöffel Pfefferkuchengewürz,
eher etwas weniger

Fett und Zucker schaumig rühren, Eier nach und nach zugeben, ebenso das Mehl mit dem Backpulver und mit dem Rest der Zutaten. Alles zu einem glatten Teig verrühren.

In eine mit Backpapier ausgelegte Form gießen, oder in zwei kleine, passt hervorragend auch zum Verschenken, und bei 150 Grad ca. 60–70 Minuten backen, mit einem Zahnstocher probestechen.

Emma machte auch ihren Vanillezucker selbst

In ein Schraubglas kam feiner Zucker
und die leere Vanilleschote, die in
kleinere Stücke geteilt die Würze abgab.
Zusammen in dem Glas, ab und zu geschüttelt,
Zucker zwischendurch aufgefüllt, hervorragend.
Leuchtet mir ein und sofort übernommen.

Nicht alles kommt durch Übung

So wie nicht jeder malen kann, so kann nicht aus jedem ein guter Koch werden, selbst wenn er der Meinung ist, so wie ich. Bei mir reicht es höchstens für Karo einfach.

Für jemanden, der immer kocht, kann es auch toll sein, mal mit guten gekauften Zutaten bewirtet zu werden. Und wie! Frisches Fladenbrot vom Türken, Antipasti, diese gefüllten kleinen Köstlichkeiten mit Schafskäse, dieser Salat aus den dicken weißen Bohnen in Tomatensoße. Unübertrefflich, nur keine Hemmungen, ich werde schon zugreifen. Gebratene Zucchini und Auberginen, großartig sind die ebenfalls usw. ...

Die Pfirsiche waren ein Reinfall

Der Duft war schön, und auch schienen sie fast reif.
Irrtum, das, was übrig blieb, zerkleinert und mit Joghurt, Ingwerstückchen, etwas Zimt und Zucker zu einer nicht zu schlechten Speise „aufgehübscht".

Als letzten Gang Kaffee und selbstgebackene *Vollkornkekse*. Die sollte man auf Vorrat in einer Dose haben.
150 g Vollkornmehl
verschiedene Flocken, Kokos nehme ich gerne
80 g Haferflocken
Rosinen und was man sonst noch so da hat
75 g kalte Butter
75 g braunen Zucker
1 Ei, Messerspitze Backpulver
Alles zusammen mit den Händen verkneten!
Den Teig kühlen,
dann ausrollen.
Auf ungefettetem Blech
die mit einem Glas (oder Kuchenrädchen)
ausgestochenen Plätzchen legen und im
vorgeheizten Ofen bei 200 Grad
ca. 15 Minuten backen.
Heiß vom Blech, abkühlen lassen.

Wäre ein Dauergebäck, wenn es nicht so gut schmecken würde.

Inges Rouladentopf

Assoziation,
die mir heute kam,
als ich das letzte Stück Sellerie
in die Hand nahm:
mehr als vierzig Jahre her,
als der Bundeswehrsoldat,
der mein Schwiegersohn werden sollte,
sich vorstellte
und sich anbot, daraus einen Salat
zu machen.
Sympathisch, der Selleriesalat.
Martin, ein anderer Freund,
wird aufgefordert, ein Schwein zu malen,
kurz und gut,
jeder wurde bei uns mit der Küche konfrontiert.
Und dann die schöne Salzburgerin!
Frau Inge, die ihren Rouladentopf machte:
Zuerst von Didzun das Fleisch holen,
das in „Deka" gewünscht wird,
Gemüse besorgen, erst die Rouladen
einzeln im Topf anbräunen, zur Seite stellen
und mit dem geputzten Gemüse
Sellerie, Paprika, Möhren, Zwiebeln,
schichtweise im Topf eingeben, würzen,
mit Weißwein aus der Zweiliterflasche
aus dem Waldviertel mitgebracht,
aufgießen, abdecken,
in den Ofen und zwei Stunden

bei 180 Grad schmoren lassen. Köstlich!
Liebe Inge, danach Mozartkugeln zum Kaffee,
aber es sollten frische sein, keine eingefrorenen,
denn wir san Kenner!

Vor Jahren beim Fleischer Didzun

„Kann ich in die Rouladen auch Würstchen einwickeln, Meister?"
„Aber natürlich, alles kann man einwickeln,
sogar Knochen."
Ganz ernsthaft sagte er das.

Ich bin wir

und uns bekoche ich –
ich, die heute ihren Fünfgerichtetag hat.

Am sechsundachtzigsten

Nach Daten der Weltgesundheitsorganisation,
heute sechsundachtzig geworden,
müsste ich längst gestorben sein,
weil die Lebenserwartung einer Frau
von mir längst überschritten.
Woran mag das liegen?

Stattdessen schwimme ich im See,
fahre täglich mit dem Rad zig Kilometer,
esse nur, was mir schmeckt,
und bin am liebsten mein eigener Koch.

Einfachste Küche in der Kinderzeit,
Gemüse und Obst aus dem eigenen Garten,
Fleisch ebenfalls aus eigenem Stall
und von der Stange.

Meistens gekocht und nicht gebraten.
Nicht sehr gepflegt, aber gesund
und ewig hungrig.

Durch den Überfluss in späterer Zeit
verführt, verließ ich mich mehr und mehr
auf meinen sechsten Sinn, auch in der Küche:
lieber Natur pur als künstliche Aromen.
Die Wissenschaft hat festgestellt,
dass der menschliche Organismus ursprünglich
Vitamine selbst erzeugte.

Erst durch die Zuführung von außen
stellte er die Produktion ein.

So verhält es sich auch mit dem Kochen,
denke ich,
je mehr Fertigprodukte auf den Tisch kommen,
desto mehr stellt der Verstand das Denken ein
und will nur noch gefüttert werden.
Mensch, mach nicht alles mit,
was im Angebot,
wozu haben wir die Schule des Lebens besucht?

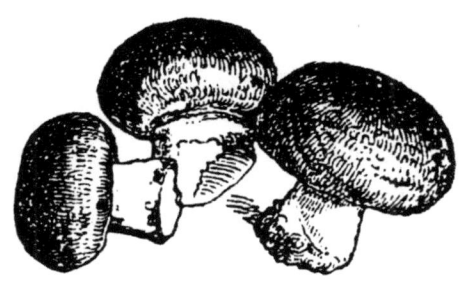

Für Kranke und alte Kinder

Alle zehn Jahre geht es mir mal so schlecht, dass ich nur liegen und mir leid tun kann. Kein Appetit! Und das will was heißen bei mir.

Wenn der sich aber langsam wieder meldet, krieche ich in die Küche und suche nach einem alten Brötchen oder einem Stück Weißbrot. (Weil ich mein Paniermehl selbst aus alten Brötchen mache, kommt es vor, dass ich etwas davon finde.)

Mit dem Sägemesser zerkleinern, heißes Wasser drüber und süße Sahne. Honig oder Zucker dazu – *Krankenspeise*.

Wenn alles aufgequollen, verzehre ich es und lege mich glücklich wieder hin.

Im Winter spielte ich als Kind manchmal krank. Diese Kälte, diese schlechten Schuhe, Strümpfe, die mit einer Strippe an der Seite an einem Laibchen befestigt wurden, und ein Stück vom Oberschenkel blieb dem Frost ausgesetzt.

Die kalte Küche, Oma am Herd ins Feuer pustend, damit es endlich brennt, an den Fensterscheiben dicke Eisblumen, das Waschwasser eingefroren, durch den Schnee, der bis zum Fenster draußen reichte, einen Gang bis zum Tor schaufeln, und das Buch, über Nacht unter dem Kopfkissen versteckt, hatte auch nicht den gewünschten Erfolg gebracht. Ich kann das Gedicht noch immer nicht auswendig.

Lange mit dem Kopf unter der Bettdecke, bis er

glühte, mit letzter Kraft: „Oma, ich glaube, ich bin krank."

Manchmal gelang es, meistens nicht. Aber wenn, diese Schüssel mit dem aufgequollenen Weißbrot-Milch-Gemisch liebe ich heute noch. Aber das sage ich niemandem, weil das ja kindisch ist, nicht wahr?

Für 'n Appel und 'n Ei

sagt man, wenn es für wenig Geld
zu haben ist.
Ich sage das nie,
weil mir ein Apfel und ein Ei
lieb und teuer sind.

Wie eine Idee zustande kommt

Um eine autofreie Straße zu erfahren,
setze ich mich bei Anpfiff (EM) auf das Rad
und drehe noch eine Runde.
Eigentlich habe ich alles im Hause,
aber es zwingt mich in den
noch offenen Käseladen
und ich erstehe einen Franzosen, der schon
süchtig beim Ansehen macht.
Und die Konsistenz erst! Weich wie Butter,
läuft er fast vom Abend-Brot.
Irre gut, zu gut, um ihn so schnell
zu verdrücken.
Er geistert mir durchs Gehirn
und morgens sofort die Backschüssel
auf den Tisch:
150 g Mehl
80 g Körnermischung
1 Ei
etwas Butter, Salz
Messerspitze Backpulver
den weichen Käse dazu und
alles zusammen mit der Hand verkneten

Ich entdecke im Schrank Koriander, denke, das könnte passen. Nochmal ausgerollt, mit dem Kuchenrädchen lange schmale Streifen geschnitten, auf das ungefettete Blech gelegt und nun warten, wie lange das *Käsegebäck* bei 200 Grad braucht.

Schon duftet es, und dabei fällt mir ein,
warum ich so selten Aufläufe mache.
Ich backe gern und viel, und
weil ich einen sensiblen Geschmack habe,
spüre ich, trotz Auswaschens,
den würzigen Geschmack,
der nun einfach nicht zum süßen Gebäck passt.

Tür geöffnet, sehen schon fantastisch aus,
sind auch nicht verlaufen!
15 Minuten brauchen sie,
„toppen" könnte ich noch, wenn ich
die Stänglein vor dem Backen mit Eigelb
bestreichen würde und
bekümmeln. Oder wer hat noch eine Idee?
Ich hätte noch eine,
man könnte einen Dipp herstellen
aus saurer Sahne mit Mango und
sonst noch was zum Dippen!

Mittwoch gehe ich in die Gartenstraße
zum Drink, da nehme ich die mit.
Ob ich bestehe? Dort versteht
man was von der Materie.

Nachbesserung: statt Butter nur Käse und vielleicht etwas Kümmel mit rein? Welchen Wein dazu, roten oder weißen? Schüsschen Cognac würde auch passen im Gebäck – finde noch eine Variante, Musikante, Musikante.

Stimmt immer noch

Essen und Trinken
halten Leib und Seele zusammen.

Als meine Kochlaufbahn beginnen sollte, gab es gar keinen Ofen, in dem ich backen konnte, geschweige denn all meine Ideen verwirklichen. Aber ein kluger Kopf erfand gleich nach dem Krieg eine elektrische Backhaube: Rund wie eine Pfanne und oben im Deckel ein Sichtfenster, durch das man den freien Blick auf sein werdendes Kunstwerk hatte.

Für Kuchen, die der Norm entsprachen, gar nicht übel. Aber wir wollten zum Geburtstag *Schwäne* haben, aus *Brandteig*, gefüllt mit Sahne, und aus Mürbeteig die Schwanenhälse.

Und? Wer wagt, gewinnt!

¼ l Wasser
50 g Butter
1 Prise Salz
100 g Mehl
4 Eier
gestrichener TL Backpulver

Wasser, Butter, Salz, alles zusammen aufkochen. Dann vom Herd nehmen, das ganze Mehl zugeben und zu einem Kloß verrühren. Wieder auf die Platte und rühren. Die Eier nach und nach zugeben und mit dem letzten Ei das Backpulver.

Auf ein gefettetes bemehltes Blech mit zwei Löffeln kleine Haufen setzen und bei 180 Grad abbacken. Die Ofentüre bleibt geschlossen!

Das dauert ca. 40 Minuten. Auskühlen lassen, dann durchschneiden. Die untere Hälfte mit Sahne üppig füllen, den Deckel teilen und schräg in die Sahne drücken.

Dazwischen kommt der Schwanenhals, das ist aus Mürbeteig gespritztes S-Gebäck.

Macht toll was her, aber ist aufwendig und man belässt es bei Windbeuteln oder Liebesknochen, die man auch mit anderer Creme füllen kann.

Verschönern jede Kuchenplatte und bestehen fast nur aus Luft! Man kann also getrost zwei davon verdrücken.

Seltsam, denke ich manchmal, wie viel mehr Mühe und Sorgfalt wir damals aufbrachten, aber vielleicht war es das, was uns zu Meistern werden ließ.

Jagdwurst

„… die Eßnot wird immer qualvoller. Ich benasche das besser gestellte Kätchen Sara, wo etwas offen und angebrochen steht. Ein Löffel Honig, ein Löffel Marmelade, ein Löffelchen Zucker oder ein Stückchen Brot. Gestern stand ein angeschnittenes dickes Würstchen auf dem Tisch. Ich säbelte mir einen Brocken herunter …" Das schreibt Viktor Klemperer am 16. März 1942 in sein Tagebuch. Die Dresdener Juden, die noch nicht abtransportiert wurden, werden immer enger zusammen in immer weniger Wohnraum gezwungen und haben somit auch nur eine gemeinsame Küche und Kochgelegenheit.

Als ich gestern an diese Stelle kam, fiel mir sofort Folgendes ein:

Mutter tauscht einen Regenschirm ein gegen eine Jagdwurst bei Fleischer Krohn, die in unserer Speisekammer liegt und darauf wartet, angeschnitten zu werden. Dann aber kein Halten mehr, ich muss ran und immer noch ein Scheibchen und noch und noch eins.

Als Mutter aus dem Geschäft nach Hause kommt, fehlt mehr als die Hälfte. Was dann geschah, ich weiß es nicht mehr, aber ich verstehe, wie schlecht man sich fühlt, „Mundraub" begangen zu haben.

Jagdwurst, Lyoner oder Brühwurst,
oder „dickes Würstchen" eben,
ganz und gar auf meiner Wellenlänge.
Das muss in unserer Familie liegen,
mein Onkel Walter, der kein Fleisch essen sollte
wegen einer schweren Nierenerkrankung,
ging einfach oft in einen Fleischerladen,
um sich satt zu riechen.

Ich unterliege einem Zwang, und wenn in Rot noch „30 %" draufsteht, setzt der Verstand aus. Heute schon wieder, aber – sie liegt schon auf dem Band an der Kasse –, renne und bringe ich sie wieder zurück, denn ich habe noch ein Stück zu Hause und das mache ich mir jetzt so:

1 dicke rote Paprika in groben Stücken in Olivenöl bräunen.

Zwei dicke Scheiben von der Wurst absäbeln und mit in die Pfanne, ebenfalls anbräunen.

Den Reis von gestern in zweiter Pfanne aufbraten und beides zusammen dekorativ auf dem Teller mit den blauen Enten servieren.

Beim Speisen fällt mir ein, Varianten könnten sein:
Auf jede Scheibe Wurst
ein Spiegelei zu setzen,
auch könnte noch gehen
dazwischen eine Scheibe Ananas,
ach und noch und noch und noch …

Im Schlaraffenland

Lektüre, die sich lohnt
liegt samstags gratis auf der Treppe.
Der Sonntag ist gerettet!

Sag mir, wohin soll ich zuerst
am frühen Montag fahren?
Zu Irma? Aldi? Combi oder Lidl?

Combi hat im Angebot Gehacktes:
Rind und Schwein gemischt:
1000 g für drei Euro neunundsiebzig,
Berg- und Butterkäse ebenfalls sehr günstig.

Irma bietet Spargel an, das Gemüse
nur für Könige erschwinglich, sagten wir,
heute „Sonderpreis", auch für normal Sterbliche,
gültig von Montag bis Dienstag: Kilo 4,99 Euro.

Ebenfalls im Angebot ist Moskowskaja, Wodka,
zum longen Drink der Superpreis,
wenn der Sommer heiß?

Und Aldi, was bietet der so an?
Die ganze Kiste Bier zum halben Geld,
wie schade, nicht so meine Welt.

Da lobe ich doch Netto mir,
als Samstagskracher kommt der
„Pott" in die Regale,
54-prozentiger für acht Euro achtundachtzig.
Der nächste Winter mit
seiner Weihnachtsbäckerei
kommt bestimmt. Also Samstag nicht vergessen!

Um mich herum ein Blätterwald.
Wer hatte denn die billigen Melonen?
Ein ganzes Kilo nur für neunundzwanzig Cent?!
Lidl? War das bei Lidl?
Nein, der hat, so wird mir kundgetan,
Rama auf dem Plan: ein Becher
20 % mehr Inhalt,
für nur achtundachtzig Cent, fast geschenkt!

Ich drehe durch, ich brauch jetzt Tee!
Tee, ja war der denn nicht auch
irgendwo zum …
Schluss mit dem Haufen Papier,
eingesammelt und ab dafür
in die blaue Tonne.

Mahlzeit

Jeder Engländer ist eine Insel,
las ich mal,
ich bin auch eine,
kann schlecht im Verbund fahren.
Es bedarf meiner ganzen Aufmerksamkeit,
um nicht im Straßengraben zu landen.
Jeder Versuch in dieser Hinsicht
ergab das gleiche Resultat,
im Verein, vereinzelter als allein.

Ich verstehe die Seefahrernation
die wieder allein segeln will,
die dann vielleicht mehr
Nutzen für andere Schiffe haben wird,
was ich auch für mich erhoffe.
Alles ist einen Versuch wert.
Frühstücken sollte man bei ihnen,
to have a breakfast mit gebratenem Schinken
und Eiern, Toast, die herrlichen Scones
mit Himbeerjam und Gingermarmelade, oh!
Tea, viele cups davon.

Ab durch den Kanaltunnel und bei
der Grande Nation die köstlichen
Vorspeisen, Horsd'œvres,
und die Petits Fours genossen,
Aperitif sowieso.
Bei den Niederländern eine rote Kugel Edamer

für zu Hause mitgenommen und etwas Konfekt
aus Belgien. Was hat Brüssel noch zu bieten?

Ich glaube, Konfuzius hatte folgende Idee:
schaffet ein kleines Land,
wo das Angebot die Nachfrage übersteigt,
mit dem Rest sollte Handel getrieben werden.
Mich dünkt, bei uns wird das Pferd
von hinten aufgezäumt.
Tipp einer Unbedarften,
bevor alles aus dem Ruder läuft:
Sich frei schwimmen,
sich unabhängig machen,
auch wenn man klein ist,
nicht warten, bis Brosamen
von der Herren Tisch fallen.
Erstmal den eigenen Kurs bestimmen lernen,
in dieser schönen neuen Welt,
in der die Rede nur vom Geld!
                                28. Juni 2016

Sommerkuchen

Jetzt ist die Zeit der Sommerkuchen, die blitzschnell gehen und worin ich in Jahrzehnten Erfahrung gesammelt habe. Einige davon gehen so, ganz einfach, schnell, köstlich, nicht teuer:

Gerüstet ist man für alle Fälle mit meinem Grundrezept:
  250 g Butter
  250 g Zucker
  250 g Mehl
  4–5 Eier, je nach Größe
  ½ flachen TL Backpulver
  1 Päckchen Vanillezucker

Alle Zutaten sollten Raumtemperatur haben, die Butter also weich sein, damit sie sich gut schaumig rühren lässt. Nach und nach den Zucker zugeben (und rühren, rühren, rühren), die Eier ebenfalls nach und nach. Mehl und Backpulver sieben und ebenfalls nach und nach unterrühren. Vanillezucker nicht vergessen.

Ich nehme zum Rühren einen Holzlöffel mit Loch. Je mehr gerührt wird, desto besser das Ergebnis.

Eine lange Form mit Backpapier (Boden) auslegen und die Hälfte des Teiges einfüllen.

In die zweite Hälfte etwas Kakao und Rum oder Kognak rühren, ebenfalls in die Form geben, glatt streichen und in vorgeheiztem Herd 180 Grad ca. eine Stunde backen, evtl. die letzten zehn Minuten auf 200 Grad schalten, Stäbchenprobe machen!

Dann den *Marmorkuchen* aus der Form lösen, Papier entfernen, auf einem Gitter auskühlen lassen. Hält sich lange und ist einfach spitze.

Man kann ihn aber auch variieren:

1. Variante
In den ganzen Teig zum Schluss *Schokoladenstreusel* rühren.

2. Variante
Einen Teil des Mehls *durch geriebene Mandeln* ersetzen und einige Tropfen Bittermandel zugeben.

3. Variante
Zitronenabrieb und Saft von einer halben Zitrone, Succade, Rosinen, gewaschen und in Rum getränkt, zugeben, ergibt *Königskuchen*.

4. Variante
Nur *Zitronen-* oder Limonenabrieb und etwas Saft zugeben, den fertigen Kuchen mit einem Guss überziehen, der mit Puderzucker, etwas Rum und Saft angerührt wird, nicht zu dünn machen, dann wird der Guss nicht fest.

Alles tolle Kuchen, aber ich mache auch noch, wenn es mich überkommt, Petits Fours daraus.

For my Jour (fester Empfangstag)

Petits Fours (kleines, reich verziertes Dessertgebäck)

Diese kleinen süßen Teilchen kann kein Konditor besser machen, und „man weiß, was man verschluckt", würde Toni Buddenbrook ihren Morten zitieren, denn die Damen, die zum Jour kamen, kannten ihren Thomas Mann.

Also, das geht so. Erstmal Sahne schlagen, die 33 % Fettanteil haben sollte.

Dann verschiedene Früchte vorbereiten, jetzt in dieser Jahreszeit passen hervorragend Erdbeeren, Himbeeren, Blaubeeren. Wenn nicht vorhanden, geht auch sehr gute Konfitüre und Gelee, z. B. im Winter.

Es geht los:
Vom Sommerkuchen nicht zu dünne Scheiben schneiden, einmal halbieren mache ich, man kann die Scheiben auch vierteln, dann verschiedenartig belegen und bestreichen.

Erst vielleicht etwas Sahne, in die man die Früchte drückt, einen Haufen Sahne noch darauf und mit Schokoladenraspeln bestreuen.

Man kann auch in einen Teil der Sahne etwas starken Kaffee schlagen, das ergibt einen fantastischen Mokkageschmack, dann passen Kirschen als Unterlage sehr gut.

Während des Verzierens kommen einem immer mehr Möglichkeiten in den Kopf, die alle ausprobiert werden sollten. Warum immer nur Kreuzworträtsel als Gehirnjogging?!

Man nimmt den schönsten Teller, die schönste Tortenplatte, belegt sie mit einem Tortenpapier und arrangiert die Teilchen. Man kann zur Dekoration auch ab und zu ein Schirmchen aufstecken. Macht toll was her, und mir wurde schon geraten, das zu meinem Beruf zu machen.

Leider habe ich das erst im Alter festgestellt, dass das wirklich *der* Beruf für mich gewesen wäre. Zum Kochen und Backen muss man große Lust haben und Geschmack, über den sich nicht streiten lässt, wie wir wissen, nicht wahr?

Heute gab es Schmorgurken auf dem Bauernmarkt

Schöne, schon fast reife, dick und nicht zu groß.
Gekauft! Dazu braucht man Gehacktes.
Die Gurken längs halbieren, entkernen.
Heute verwende ich fertiges Mett,
eine Hälfte füllen, die zweite draufklappen
und mit einem Faden umwickeln.
In Mehl wälzen. In einer tiefen
Pfanne in halb Öl, halb Butter
langsam anschmoren,
schließlich heißt das Gericht „Schmorgurken".
Ich verwende immer etwas gestreiften Speck,
oder Schinkenwürfel gehen auch,
denn zu meinem Rezept nehme ich
als Bindung für die Soße saure Sahne,
Pfeffer und Rauchgeschmack
ergeben zusammen den perfekten Geschmack.
Ausprobieren. Dill nicht vergessen.
Dazu neue Kartoffeln, kleine nehmen,
die man nach dem Pellen mit wenig Salz
bestreut, und gehackten Dill.
Lecker, sehr lecker.

Heute bei Hannchen im Heim

Hannelore, dement, seit Kurzem im Heim. „Kennen wir uns?", fragt sie mich, „sagen wir uns Sie oder du?" Mensch, Hannchen, ich bin doch die und die. Sie erklärt, zeigt, wie gut sie es hat, Essen prima, Balkon und überhaupt. Sie will mir ein Spiel beibringen, Rommé Cup o. Ä., und ich sage, dazu wäre ich zu blöd. Sie ganz rasch: „Das kannst du ja auch bleiben." Heute muss ich noch darüber lachen.

Ich bin kaum zu Hause, Telefon. Sie ist dran: „Komm bald wieder", woher sie meine Nummer hätte? Oben im Telefonbuch angefangen, und weil ich gleich unter „B" stehe, schneller Kontakt. Sie war wie ich im Wirtschaften und Einkochen, immer Beeren usw. gesucht. Hier ein Rezept von ihr – *Holunderblütengelee*:

Holunderblüten mindestens drei Tage in gutem Apfelsaft ziehen lassen, dann durchseihen und Gelee daraus kochen.

¾ l Saft und 1 kg Einmachzucker

Schmeckte immer hervorragend, überhaupt, wenn noch ein Schüsschen vom selbstgemachten Likör hinzukam, auch aus kandiertem Ingwer winzige Würfelchen geschnitten, passen sehr. Ich bekam immer zum Probieren, auch vom Aufgesetzten. Mensch, Hanna!

Quarkfladen

„Wenn du eine Zitrone hast,
mach Limonade daraus."

Habe ich mal irgendwo gelesen, so oder ähnlich, weiß aber, was gemeint ist und ist ganz mein Thema: Mach was draus aus dem, was du hast.

Heute ganz flacher *Hefeteig* (Fünfundfünfziger, kleines Mündchen im Gegensatz zum Achtundachtziger)

125 g Mehl
Prise Salz
40 g weiche Butter
etwas Zucker
1/3 vom Hefewürfel
1 Ei
halbe Tasse warme Milch

Quarkmelange
250 g 20-prozentigen Quark
1 Eigelb
Zucker
1/3 Puddingpulver, Vanille oder Sahne
3 EL flüssige Sahne
1 festes Eiweiß

Alles zusammen mit etwas warmer Milch oder Sahnewasser zu einem Teig verschlagen, bis er Blasen wirft. Dann in eine runde, gefettete Form streichen, darauf kommt die Quarkmelange:

Alles zusammen verrühren und das feste Eiweiß unterheben. Die Melange auf den Teig geben und verstreichen.

Ich habe noch ein winziges Gläschen (50 g) Sanddornmarmelade, würde kaum für ein Brötchen reichen! Wird hier zu „meiner Zitrone". Mit einem Teelöffel daraus kleine Häufchen auf den Quark verteilen. Sieht apart aus und wird, das sehe ich schon, auch exquisit schmecken.

Anheizzeit ist Aufgehzeit,
ca. ¾ Stunde bei 200 Grad.

A la Bienenstich

Weil Mandeln ziemlich teuer sind, ersetze ich sie durch Kokosflocken, die ich in der Pfanne mit Zucker und Sahne aufkoche, diese Masse wird abgekühlt auf einen dünnen Hefeteig gestrichen (Rezept siehe linke Seite) und anschließend mit Puderzucker bestäubt.

Passt immer und ist ruckzuck hergestellt.

Wann ist der Gast da? In einer Stunde? Das reicht und ihn erwartet ein frischer Kuchen.

Jetzt kommt die Zeit der flachen Fruchtkuchen

und jeder sollte sie versuchen,
sind schick, machen nicht dick,
machen was her, schmecken nach mehr,
sind einfach klasse, schonen die Kasse,
von mir erdacht,
bitte nachgemacht.

Passen für alle Fälle,
geh'n auf die Schnelle,
hier meine Bäckerei, ich bin so frei,
sie ist gut, ich ziehe den Hut
vor meiner Bäckerin.

Hefeteig wie auf Seite 210 beim Quarkfladen, darauf können Rhabarberstückchen gelegt werden, erst nach dem Backen Zucker draufstreuen, sonst entsteht zu viel Saft.

Man kann auch auf den Rhabarber Streusel geben, aus Butter, Zucker und Mehl, ein Teil Mehl durch Kokosraspeln ersetzen.

Eigentlich passen alle Früchte auf diesen Teig:
Kirschen, Aprikosen, Pfirsiche, gehen alle drei auch aus dem Glas.
Und eben Quark, den man auch mit Zitrone anmachen kann, Kirschen und Rosinen können ebenfalls in den Teig oder in den Belag.

Statt Hefeteig geht natürlich auch *Mürbeteig*:

200 g Mehl
100 g kalte Butter
100 g Zucker
etwas Backpulver
1 Ei

Zusammen zu einem Teig verkneten und mit den Früchten belegen.

Auch hierauf kann Streusel getan werden, dem man, wie auch dem Teig, etwas Mehl durch Kokosraspeln ersetzen kann.

Wenn man ein doppeltes Rezept Mürbeteig herstellt, kann die Hälfte als Streusel verwendet werden, dann ist es eine *Krümeltorte*. Vor dem Backen kalt stellen und im vorgeheizten Ofen bei 200 Grad backen.

Danach eventuell mit Puderzucker bestäuben oder einen Guss aus Puderzucker und Rum herstellen und dekorativ darauf tröpfeln.

Ich bin mehr für halbe Rezepte, weil der Kuchen ganz schnell verdrückt ist und ich kann meiner Fantasie freien Lauf lassen und einen neuen zaubern. Zum Beispiel einen, auf den nur einfach mal Pudding kommt und warm gegessen werden kann.

Kostet alles fast nichts und ist köstlich!

Mein Glück liegt nicht auf dem Rücken der Pferde. Es liegt für mich vor allem an meinem Herde.

Alter Song

    Immer wenn ich traurig bin,
    (dann singe ich ein Lied …)
    dann gehe ich in die Küche,
    suche rum, stelle parat, stelle wieder weg,
    suche anderes, ein Hin und Her,
    weil das Gemüt so schwer?

Doch auf einmal funkt es, Schüssel vorgeholt, und alles geht wie am Schnürchen, die Geister regen sich, die Phantasie will auch mitreden, die dicken Rosinen sollen in Kognak eingeweicht werden, ja, warum eigentlich nicht?

Drei Eier wollen auch was werden, es findet sich ein Päckchen Sahnepuddingpulver, das niemals seiner eigentlichen Bestimmung zugeführt werden wird, und so entsteht mein *Sonntagscake*.

200 g Mehl
ca. 80 g Kokosflocken
½ Becher Sahne
1 Päckchen Sahnepudding
3 Eier, trennen
125 g Butter
50 g in Kognak eingeweichte Rosinen
½ Päckchen Backpulver

Weil alles schon auf dem Brett stand, hat alles die richtige Temperatur, um gleich loslegen zu können.

Wenn sehr gerührt werden muss, immer ein feuchtes Tuch unter die Rührschüssel legen, dann gibt's mehr Standfestigkeit.

Also weiche Butter schaumig rühren, nach und nach Eigelb und Zucker zugeben, rühren, rühren, rühren, das mit Backpulver vermischte Mehl ebenfalls nach und nach zugeben, auch das Päckchen Puddingpulver, halber Becher Sahne, weil ich keine Milch da habe, und den festen Eischnee zum Schluss unterheben. Rosinen nicht vergessen und die Kokosflocken.

Napfkuchenform einfetten, mit Bröseln ausstreuen, Teig einfüllen und bei 200 Grad im vorgeheizten Ofen ca. 1 Stunde abbacken. Zum Abkühlen auf einen Rost kippen und schon mal Teewasser aufsetzen. Die ersten beiden Stücke können schon warm genossen werden. Herz, was willst du mehr!

Komisch, manchmal muss es auch für einen Kaffeetrinker Tee geben. Der Sonntag ist gerettet.

Kokosflocken liebe ich, und wann immer ich welche finde, die fast so fein sind wie Mehl, kaufe ich sie und ersetze auch sonst oft etwas Mehl durch Kokosflocken, die ich auch für Streusel verwende oder Bienenstich, oder halb Mehl, halb Kokos für Mürbeteig. Immer ein tolles Ergebnis.

Also im Sonntagskuchen nicht vergessen!

Als Schmalhans Küchenmeister war

waren wir top in Form,
rannten wie die Windhunde
alles zu Fuß, kein Weg zu weit,
überhaupt, wenn es hieß,
die Tante macht heute Marzipanhörnchen
und einer soll kommen und welche abholen.

Für jeden eins! „Weit ist der Weg zurück
ins Heimatland",
ging damals ein beliebter Song
und die innere Stimme riet:
Entweder sie hat keine gebacken
dann kannst du alle drei verdrücken,
oder aber sie sind ins Wasser gefallen,
denn der Weg war dicht am See entlang.
Ein Kampf, der in einem Kind tobte,
und wenn es gewusst hätte, was es heute weiß,
wäre es gar nicht erst gegangen.

Marzipanhörnchen gehen so:
1 Packung fertigen Blätterteig ausrollen
und in Quadrate schneiden.
200 g Marzipan
mit 1 Eigelb
und Puderzucker verkneten.

In die Mitte der Quadrate etwas davon reinsetzen,
nicht zu wenig, von einer Ecke aus aufrollen, mit

Eiklar verkleben, auf Backpapier setzen und im vorgeheizten Ofen bei 200 Grad abbacken.

Dauert ungefähr 20 Minuten. Mindestens so gut wie die von der Tante. Man bekommt acht Hörnchen und kann kaum abwarten, bis sie abgekühlt sind.

Küchen

Küchen dürfen nicht zu groß sein,
man muss wie ein Kapitän auf seiner Brücke
alles gleich bei der Hand haben,
in richtiger Höhe die Arbeitsplatte
und am Tisch die richtigen Stühle.
Zuletzt macht man alles wie im Schlaf. Sicher.
Ich bin ein Küchenmensch
und konnte in jeder mir zugedachten
aufs Beste wirtschaften.
Es wurde immer besser damit,
und ich wollte, dass es noch ein bisschen so bleibt,
und es egal ist, wenn ich meinen Nachtisch
schon als Vorspeise verdrücke.

Erster Juni

„Mach dich immer schön an diesem Tage",
war der Wunsch eines Freundes.
Mache ich,
ich habe den Maxi-Leinenrock aus Italien an,
dazu eine Leinenbluse,
die du nicht mehr kennst,
und neue Sandalen,
wegen der Einlagen.
Was denkst denn du,
schließlich bin ich nicht mehr neununddreißig!
Und Kuchen habe ich gebacken:

200 g Mehl
100 g Zucker
100 g kalte Butter
1 Ei
Messerspitze Backpulver

Daraus einen *Mürbeteig* herstellen, teilen und zwei Platten ausrollen.

Mit einer den Boden einer gefetteten Form belegen, darauf den *Rhabarber* verteilen (drei Stangen roten waschen, kleine Stücken schneiden, auf einem Sieb abtropfen lassen).

Die zweite Platte drauflegen, mit Zucker und Butterflöckchen bestreuen. Bei 200 Grad abbacken, kann mit einem Guss bedeckt werden. Und ganz viel Sahne dazu servieren, stimmt's?

Eine Freundin zitiert in einem Brief Paul Bocuse

„In alten Kasserollen macht man die besten Suppen", und als Zusatz: „Stimmt."

Stimmt das wirklich? Ich hatte immer eine andere Version: „Aus alten Töpfen kommen die besten Suppen." Mir kommen Bedenken, wenn ich das wörtlich nehme. Ein Sternekoch wie er wird wohl auch in einem neuen Topf gute Suppen machen können. Kommt es nicht mehr auf das Gespür, auf das „Händchen" an, das man haben muss? Hat man das nicht, wird auch ein alter Topf nicht viel helfen. Am besten, man wird mit seinen Töpfen und Pfannen zusammen alt, dann werden sie einen nicht im Stich lassen oder gar „in die Pfanne hauen", meine ich.

Loblied auf meine Fissler-Pfanne, mindestens vierzig Jahre alt, dient mir länger als Archibald Douglas seinem Herrn, war stets mir treu, immer noch wie neu, unübertrefflich zuverlässig und auf der Rückseite steht: „Fissler, schwerer Thermoplusboden, nach DIN 44904, Für Elektro-, Gas-, Kohleherde und Glaskeramik-Kochfelder, Elektroplatte 18 cm Durchmesser, Made in West-Germany"

Es gibt in meiner Küche einen noch älteren Begleiter: ebenfalls ein Fissler-Topf, passt auf die kleinere Platte, ist hoch und fasst zwei Liter Flüssigkeit, wurde vor 56 Jahren angeschafft, um das „Fläschchen zu erwärmen" und dient seit Übergang zu fester Nahrung als Kartoffeltopf. In ihm koche ich meine Pellkartoffeln! Wahrscheinlich unmoderne Einstellung, aber ich weiß, was ich an ihnen habe.

Im Fernsehen läuft eine Reportage

über die Hamburger Markthalle. Eine Frau wird gezeigt, die in aller Herrgottsfrühe unterwegs zu ihrem Stand dort ist. Sie kauft Gemüse verschiedener Sorten ein, wäscht, raspelt, mischt und stellt ihre Pfanne auf den Herd und fängt an, Gemüsekuchen zu backen. Als die letzten Nachtschwärmer auftauchen, werden sie bedient, ein Riesenstück gleich auf die Hand. Acht solcher Kuchen macht sie, sagt sie, nicht mehr, sonst käme sie gar nicht nach Hause. Auch die anderen Marktbeschicker erscheinen bei ihr, und man sieht, dass es allen schmeckt. Dann räumt sie auf, wäscht ab und jetzt kommt's! Ihre Pfanne wird nur mit einem heißen feuchten Tuch aus- und abgewischt und abgetrocknet. Seit vierzig Jahren war die Pfanne nicht im Wasser, sagt sie. Die Pfanne sieht aus wie neu.

Solch eine habe ich auch, vielleicht ist sie sogar älter als vierzig, meine Lieblingspfanne. Und eigentlich braucht man auch nur wenig gutes Kochgeschirr, das sollte man sich gönnen. Das habe ich sofort verstanden und deshalb erzähle ich das hier.

„Und kommt die goldene Herbsteszeit ..."

mit ihren wundervollen Gaben, kann ich es einfach nicht lassen, ich muss die nicht geernteten Früchte auflesen, pflücken und mit nach Hause nehmen. Eigentlich will ich das schon seit Jahren nicht mehr, aber geht nicht.

Hier einige Rezepte, die ich immer wieder einkoche und die immer wieder nachgekocht werden müssen, weil sie so begehrt sind und ich sie viel verschenke.

Chutney aus Kürbis und Äpfeln
  750 g Kürbis und
  750 g Äpfel

Beides schälen und in Stücke schneiden, getrennt dünsten und abkühlen lassen, am besten über Nacht.

  Saft von drei Zitronen,
  1 kg Gelierzucker
  und Ingwer, vier oder fünf Scheibchen
  in winzige Würfelchen schneiden.

Alles in einem großen Topf zusammen vermischen und nach Vorschrift, ich glaube vier Minuten, kräftig durchkochen. Ein Schüsschen sollte immer zum Schluss rein: Rum, oder Aquavit aus Dänemark, oder Wodka geht auch.

Dann in saubere Gläser füllen, sofort mit einem Deckel verschließen.

Passt zu allem und ist einfach toll.

Eine Variante wäre mit Zimt.

Apfelkürbismarmelade, auch gut
500 g Äpfel,
500 g Kürbis,
beides in Stücke schneiden und
zusammen mit dem Saft von drei Zitronen,
Ingwer,
1 kg Gelierzucker
und zum Schluss ein Schüsschen ...

in einem großen Topf mischen, ziehen lassen und dann nach Vorschrift kochen, ebenfalls in Gläser füllen, die man auf ein nasses Tuch stellen sollte.

Äpfel koche ich auf verschiedene Art ein.

Solche, die sich eignen, lasse ich nicht ganz zerkochen, sondern fülle sie stückig ins Glas. Die eignen sich als Kuchenbelag, mit Zimtzucker und Vanillesoße als Nachtisch oder auch zu Apfelreis.

Äpfel, die leicht zerkochen, kommen als Mus ins Glas zu Puffern oder auch so. Dazu verwende ich braunen Zucker und zum Ankochen nehme ich Apfelsaft.

„Prima, da gibt es morgen bei mir Kartoffelpuffer", sagt Ruth, wenn ich zu ihr komme, und mein Gastgeschenk besteht aus gefüllten Gläsern. „Übrigens, das Gelee letztes Mal war auch gut", sagt Ruth, selbst eine gute Köchin, die es aber mit „dem Einkochen nicht so hat".

Eingemachter Kürbis
2 kg festes Kürbisfleisch in Würfeln
1 ½ l Wasser und
½ l Weinessig zusammen aufkochen
und über den Kürbis gießen

Über Nacht durchziehen lassen. Dann den Sud in einen großen Kochtopf geben, eine Biozitrone heiß abwaschen und in Scheiben dazu, eine Zimtstange auch, Ingwerscheibchen, wer mag, ist aber gut.

900 g Zucker oder auch 1 kg in den Sud rühren, abschmecken, aufkochen und die Kürbisstücke darin portionsweise glasig dünsten – das geht schnell und man muss dabei stehen bleiben.

Mit einem Schaumlöffel herausheben, zwischendurch den Saft, der abgeflossen ist, wieder zurück in den Topf geben.

Zum Schluss den ganzen Kürbis in den Sud und mindestens drei Tage durchziehen lassen.

Dann leere Gläser vorbereiten, den Kürbis zuerst auf ein Sieb geben, damit er nicht zu viel Saft im Glas bildet, dann auf die Gläser verteilen und den Saft durch ein Sieb in den Topf geben, aufkochen lassen und heiß über den Kürbis gießen. Deckel drauf und fertig. Ist ganz toll und passt zu allem, auch zum Verschenken. Wie das schon golden wie Bernstein, wenn die Sonne auf die Gläser fällt, leuchtet. Freut mich jedes Jahr. Das Rezept stammt aus edlem Hause und wurde von Generation zu Generation weitergegeben. Schlechte Zeiten, ich war eingeladen und es gab „Moppel-Poppel" und eben diesen Kürbis.

Oma machte ihn einfach mit Essigessenz und bestimmt wenig Zucker im Steintopf, und der war nicht sehr begehrt.

Von diesem Rezept ist schon der Saft allein wie Sirup. Also probieren!

Kein Verlass

Kein Verlass auf die Köchin,
wenn sie sagt,
es gibt dies und das,
gibt es von ganz anderem was.
So ist ihre Natur,
aber alle noch immer satt geworden,
auch in miesen Zeiten.
Das walte Hugo.

Holunder-Apfel-Gelee

Holundergelee mochte ich nicht, bis ich folgendes Rezept für mich erfand:

Die geernteten Holunderbeeren zu Hause waschen und mit einer Gabel die Beeren abstreifen, in einen großen Topf geben.

Äpfel, egal welche Sorte, ich sammel die auch unterwegs auf, waschen, in vier Teile schneiden, Kerngehäuse entfernen, ebenfalls Stiel und die vertrockneten Blüten.

Ungeschält zu den Beeren geben, mit Wasser auffüllen, bis knapp bedeckt. Aufkochen und köcheln lassen, bis alles zerfallen ist.

Nicht umrühren. Das gibt erstaunlich viel Saft.

Man kann den Topf stehen lassen und abkühlen, aber ich muss da gleich ran und durch ein Tuch auf alte Art und Weise durchseihen.

Etwas ausdrücken und den Rest, wenn man will, nochmal mit wenig Wasser aufkochen und eine rote Grütze kochen. Auch sehr gut.

Der Saft muss aber zur Weiterverarbeitung kalt sein. Dann mit Zitronensaft, man kann auch einmal mit einer Zimtstange und Ingwer (weil ja Weihnachten vor der Tür steht) kochen und dem entsprechenden Gelierzucker. ¾ l Saft und 1 Kilo Gelierzucker. Noch heiß in Gläser füllen, die man auf ein nasses Tuch stellt.

Deckel drauf und fertig.

In diesem Jahr gab es keine Holunderbeeren, und das war auch gut!

Im Laufe des Jahres sollten schöne leere Gläser aufbewahrt werden.

Natürlich kann man auch hier diverse Varianten herstellen: mit Orangensaft, mit Grapefruit, Erdbeeren, Kirschen, Birnen, also ohne Ende.

Boletus edulis f. typica

Wahre Erkenntnis

Jetzt im Alter dämmert es mir, wo ich auch meine Nische im Weltgetriebe hätte finden können, die mich ernährt.

Ich kann diese Welt gar nicht verlassen,
weil ich noch immer mehr Einfälle
als Ausfälle habe.

Rezeptregister

A
A la Bienenstich 211
Apfelbrot 149
Apfelkuchen 158
Apfelkürbismarmelade 222
Apfelmus mit Rum 49
Apfelsahnesoße 151
Apfelscheiben 81
Aprikosen-Pie 73
Auberginenscheiben 85

B
Bandnudeln mit Gorgonzola 108
Betenbartsch 28
Bienenstich 211
Brandteig 196
Braten 152
Braune kleine Champignons 72
Buttermilchspeise mit Erdbeeren 52
Buttermilchspeise mit Früchten 85

C
Champignons, geschmorte 72
Chicorée, gebraten 124
Chutney aus Kürbis und Äpfeln 221

E
Einfacher Weißkohleintopf 63
Eingemachter Kürbis 223
Emmas Gewürzkuchen 185
Emmas Korinthenknacker 184
Emmas Vanillezucker 186
Endivien-Apfel-Salat 145
Erdbeeren, püriert 115

F
Falscher Hase 169
Flache Fruchtkuchen 212
Fladenbrot mit Mett 93
Fleischklopse mit Tomatensalat 88
Fleischtomatenfest 105
Frische Suppe 64
Forelle, geräuchert 114
   Lachsforelle 129

G
Gänseschmalzkekse 27
Gebratene Kürbis-Variationen 125
Gebratenes Gemüse 124, 126
Gemüsesuppe 118
Geräucherte Forelle mit Kartoffeln 114
   mit Senfsoße 129
Gertrud Heinrichs Weißkohl 62
Geschmortes Hähnchen mit Gemüse 113

Gewürzkuchen 185
Grüne Heringe 69
Grünkohl mit Hafergrütze 60
Gurkensalat 25, 30, 52
– à la Sonja 33

H
Haferflockenplätzchen 163
Hähnchenbrustfilet 52
Hähnchenkeulen mit Reis 170
Handgerührter 160
Hefekuchen
– Mit was auch immer bedeckt 138
Hefeteig 73, 130, 178, 210

Himbeerspeise 22, 107
Hirtenkäse mit Gurkensalat 25
Hirtensalat 94
Holunder-Apfel-Gelee 225
Holunderblütengelee 209

I
Inges Rouladentopf 188

J
Jagdwurst 198 f.

K
Kartoffelbrei mit Apfel 142
Kartoffelflinsen 42, 150
Kartoffelpuffer 42, 150
Kartoffelpüree 52, 150
Kartoffelsalat 71
– mit Essig und Öl 18

Kartoffelsuppe 41, 117, 167
Käsestangen 194
Kohlrabi 68
Kohlrouladen 62
Kokosplätzchen 181
Königskuchen 161, 205
Korinthenknacker, Emmas 184
Krankenspeise 192
Krümelkohl 128
Krümeltorte 213
Kürbisbrot 177
Kürbiseintopf 176
Kürbisfrikadellen 175
Kürbissuppe 175

L
Lange Suppe 90

M
Marmorkuchen 204, 205, 161
Marzipanhörnchen 216
Mehlflinsen 43
Möhren, gebraten 124
Möhren-Sellerie-Apfel-Salat 83
Mürbeteig 131, 213, 218

N
Nudeln Karo einfach 61

P
Paprika, gefüllte 120 f.
Pellkartoffeln und Rührei 112
Pellkartoffelvariationen 36
Petits Fours 206

Pfannkuchen 43
– gefüllter 182
Pizza 79
Pürierte Erdbeeren 115
Pyramidenkohl und Dillkartoffeln 34

Q
Quark 51
Quarkfladen 210

R
Restekuchen 164
Restepfanne 54
Rhabarbergrütze 67
Rhabarberkuchen 130, 218
Roastbeef mit Spinat-Bandnudeln 22
Rosas Sommersuppe 172
Rosenkohl 60
Rosmarinkartoffeln mit Schinkeneiern 84
Rote Grütze 66
Rotkohl 98
Rouladentopf 188
Rührei 112

S
Sauerkraut mit Ananassaft 86
Sauerkohl 63
Schmalzplätzchen 27
Schmandsoße 123
Schmorgurken 122, 208
Schmorkohl 128
Schokoladenkuchen 161
Schokoladenostereierkuchen 95
Schokoladenstreuselkuchen 205
Schwäne aus Brandteig 196
Scones à la Bethke 134
Selleriesalat 111
Sommersuppe 172
Sonntagscake 214
Spargel 106
Spargelsalat 106
Spiegeleier à la Sonja 32
Spitzkohl 34
Steak 39
– Hacksteak 121
Süßes Teilchen 178

T
Tafelspitz 65
Tomatentatar 108
Torte 180

U
Universalmischung 120

V
Vanillezucker, selbstgemachter 186
Vollkornkekse 187

W
Weißkohleintopf 63

Z
Zitronenkuchen 205
Zucchiniklopse 96
Zwiebelsuppe 26

Neue Bücher von Christel Bethke

Christel Bethke
Ich bin die Freude meines Alters
Alte und neue Geschichten
256 Seiten, 9,90 Euro
ISBN 97837347782503

Christel Bethke
Rückenwind
Gedankensplitter
92 Seiten, 8,99 Euro
ISBN 978-3-7412-1177-5

Christel Bethke, geb. in Barten, sie ist in Gerdauen aufgewachsen und kam mit dem großen Treck nach Oldenburg, wo sie noch heute lebt. Nach ersten Geschichten über Ostpreußen schreibt sie heute über Alltagserfahrungen – seien es die Besuche in Altenheimen oder ihre Landpartien mit dem Fahrrad.

Christel Bethkes Gedichte und kurze Geschichten mäandern zwischen dem Gestern und dem Heute. Sie erzählen in natürlichen und sinnlichen Bildern vom Alltag des Alterns und von menschlichen Merkwürdigkeiten, von denen manche sich auch nicht vom Älterwerden aufhalten lassen.

Dabei kommentiert die Autorin das Leben, das sie täglich um sich herum beobachtet, ebenso, wie ihre Erinnerungen an alte Geschichten mit lebenskluger Toleranz. Das macht ihre Texte über Generationengrenzen hinweg lesenswert.

Die Texte Christel Bethkes sprechen von Mit- und Nebenmenschen, kleinen Alltagsbeobachtungen sowie von dem, was aus der Welt da draußen in den Alltag eindringt und dort plötzlich nicht bedeutender scheint, als das Zubereiten der nächsten Mahlzeit.

Ob kurze Sentenz, freirhythmische Verse oder kleine Prosastücke, alles trägt hier die Merkmale spontaner Aufzeichnung und spiegelt die Summe der Erfahrungen eines langen Lebens wider.

»Ist in meinem Abgesang
nicht mehr Melodie
als meine Overtüre
vermuten ließ?«
Christel Bethke

Christel Bethke
Weiße Schatten über fremden Spiegeln
Alte und neue Erinnerungen an Ostpreußen
5. Aufl., 272 Seiten, 14,90 Euro, ISBN 978-3-3-7392-0763-6

Hier liegen nun endlich wieder die Erzählungen der Autorin vor, in denen sie sich an ihre ostpreußische Kindheit erinnert und von mehreren Reisen in die alte Heimat berichtet. Aber sie verharrt nicht in Erinnerungen, sondern setzt Erlebtes und Gesehenes immer wieder in **Beziehung zum Lebensalltag in unserer Zeit.**

Über Ihre Buchhandlung oder im Online-Buchhandel erhältlich